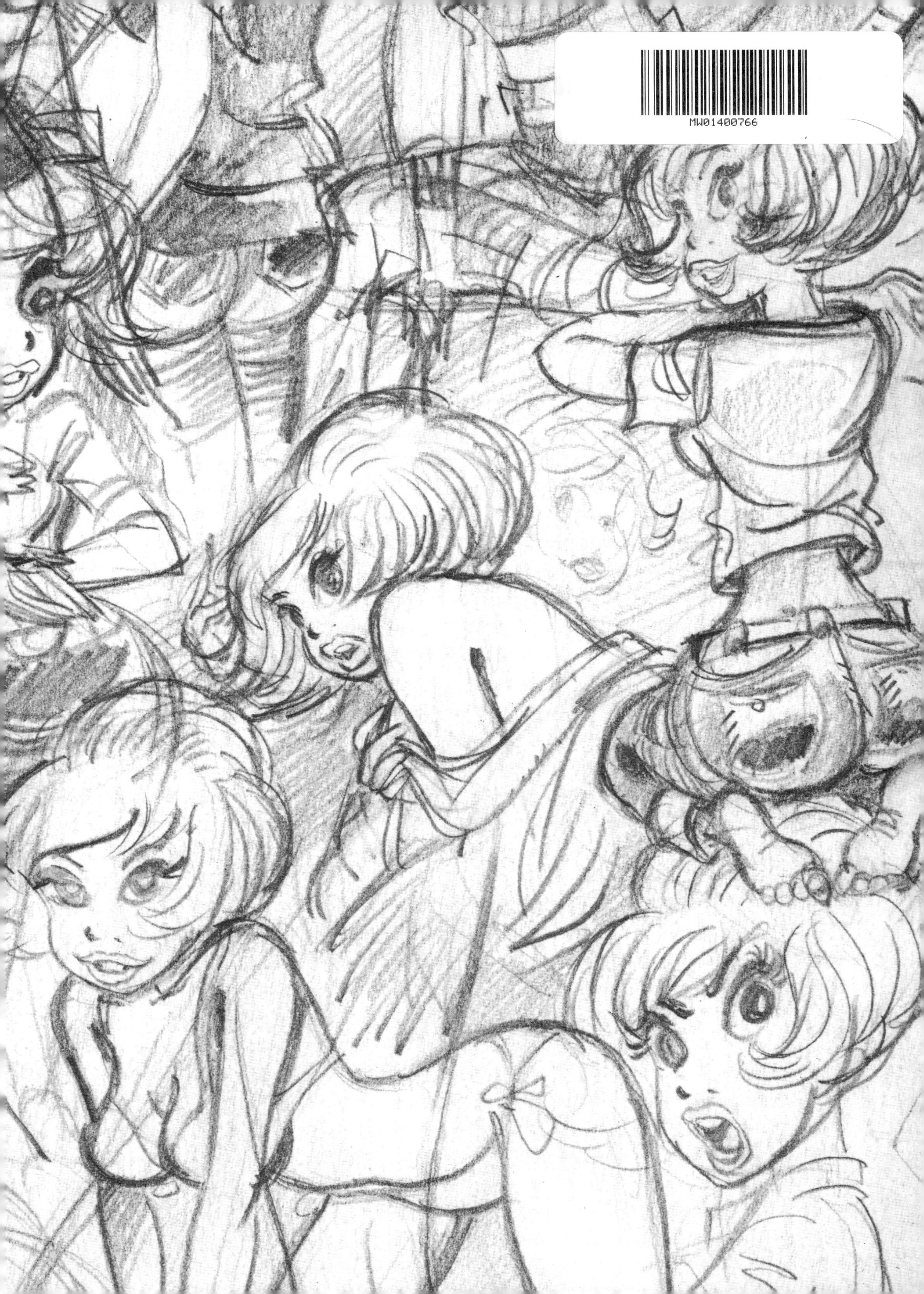

Natacha

LA MÉMOIRE DE MÉTAL

PAR françois Walthéry
D'APRÈS UNE NOUVELLE DE Etienne Borgers

ET **un brin de panique**

PAR f. Walthéry
SUR UN SCÉNARIO DE Marc Wasterlain
COULEURS : STUDIO LÉONARDO VITTORIO !

à mon père et à ma mère.
f.W.73

D. 1988/0089/84
ISBN 2-8001-0851-7 — ISSN 0771-8810
© Dupuis, 1974.
Tous droits réservés.
Imprimé en Belgique.
R. 5/2002.

LA MÉMOIRE DE MÉTAL

f. Walthéry

D'APRÈS UNE NOUVELLE DE E. Borgers

f. Walthéry 73

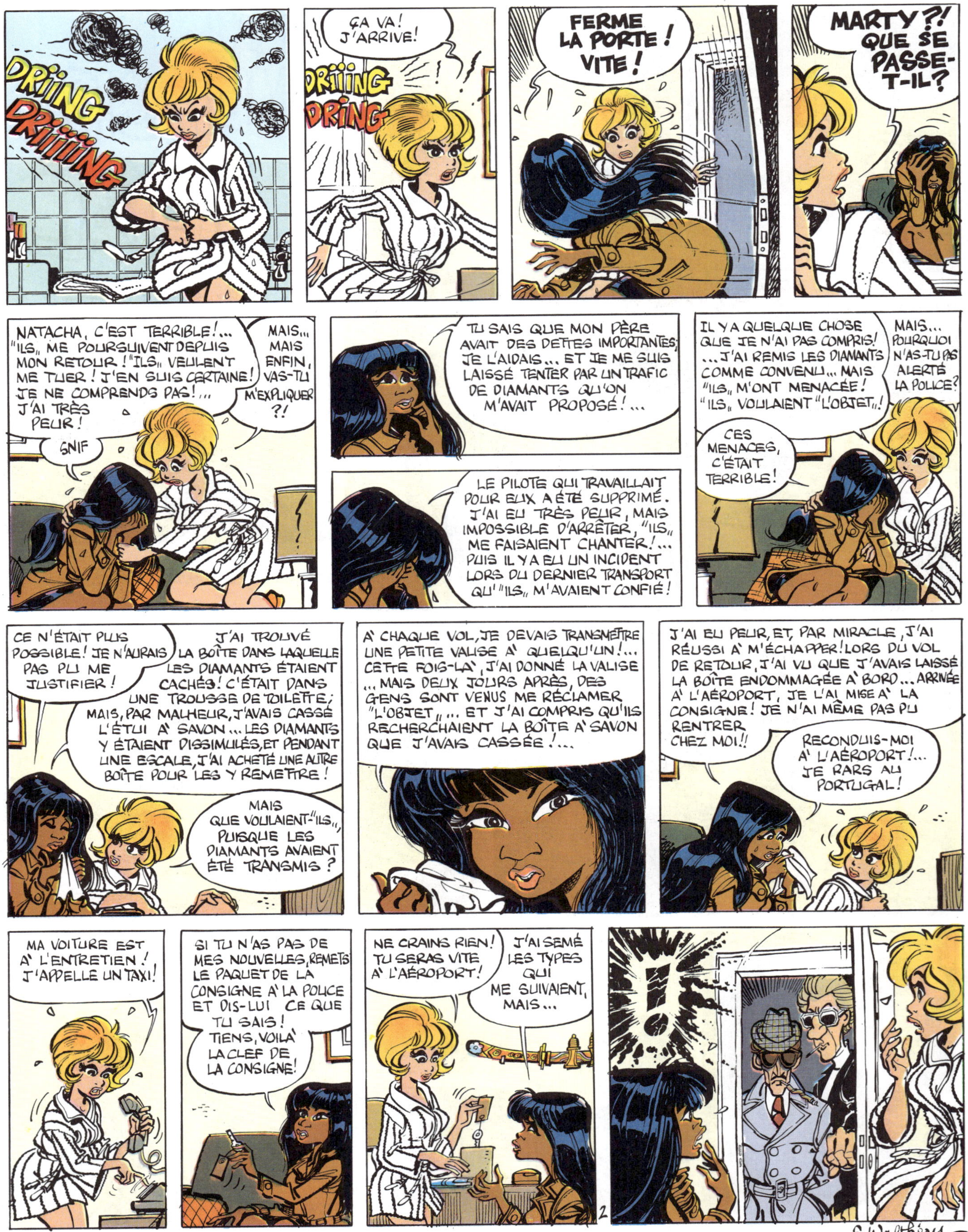
DRIING
DRIIIING
DRIIIIIING
ÇA VA! J'ARRIVE!
DRIIING
DRING
FERME LA PORTE! VITE!
MARTY?! QUE SE PASSE-T-IL?
NATACHA, C'EST TERRIBLE!... "ILS" ME POURSUIVENT DEPUIS MON RETOUR! "ILS" VEULENT ME TUER! J'EN SUIS CERTAINE! JE NE COMPRENDS PAS!... J'AI TRÈS PEUR!
MAIS... MAIS ENFIN, VAS-TU M'EXPLIQUER?!
SNIF
TU SAIS QUE MON PÈRE AVAIT DES DETTES IMPORTANTES; JE L'AIDAIS... ET JE ME SUIS LAISSÉ TENTER PAR UN TRAFIC DE DIAMANTS QU'ON M'AVAIT PROPOSÉ!...
LE PILOTE QUI TRAVAILLAIT POUR EUX A ÉTÉ SUPPRIMÉ. J'AI EU TRÈS PEUR, MAIS IMPOSSIBLE D'ARRÊTER, "ILS" ME FAISAIENT CHANTER!... PUIS IL Y A EU UN INCIDENT LORS DU DERNIER TRANSPORT QU'"ILS" M'AVAIENT CONFIÉ!
IL Y A QUELQUE CHOSE QUE JE N'AI PAS COMPRIS! ...J'AI REMIS LES DIAMANTS COMME CONVENU... MAIS "ILS" M'ONT MENACÉE! "ILS" VOULAIENT "L'OBJET"!
MAIS... POURQUOI N'AS-TU PAS ALERTÉ LA POLICE?
CES MENACES, C'ÉTAIT TERRIBLE!
CE N'ÉTAIT PLUS POSSIBLE! JE N'AURAIS PAS PU ME JUSTIFIER!
J'AI TROUVÉ LA BOÎTE DANS LAQUELLE LES DIAMANTS ÉTAIENT CACHÉS! C'ÉTAIT DANS UNE TROUSSE DE TOILETTE; MAIS, PAR MALHEUR, J'AVAIS CASSÉ L'ÉTUI À SAVON... LES DIAMANTS Y ÉTAIENT DISSIMULÉS, ET PENDANT UNE ESCALE, J'AI ACHETÉ UNE AUTRE BOÎTE POUR LES Y REMETTRE!
MAIS QUE VOULAIENT-"ILS", PUISQUE LES DIAMANTS AVAIENT ÉTÉ TRANSMIS?
À CHAQUE VOL, JE DEVAIS TRANSMETTRE UNE PETITE VALISE À QUELQU'UN!... CETTE FOIS-LÀ, J'AI DONNÉ LA VALISE ...MAIS DEUX JOURS APRÈS, DES GENS SONT VENUS ME RÉCLAMER "L'OBJET"... ET J'AI COMPRIS QU'ILS RECHERCHAIENT LA BOÎTE À SAVON QUE J'AVAIS CASSÉE!...
J'AI EU PEUR, ET, PAR MIRACLE, J'AI RÉUSSI À M'ÉCHAPPER! LORS DU VOL DE RETOUR, J'AI VU QUE J'AVAIS LAISSÉ LA BOÎTE ENDOMMAGÉE À BORD... ARRIVÉE À L'AÉROPORT, JE L'AI MISE À LA CONSIGNE! JE N'AI MÊME PAS PU RENTRER CHEZ MOI!!
RECONDUIS-MOI À L'AÉROPORT!... JE PARS AU PORTUGAL!
MA VOITURE EST À L'ENTRETIEN! J'APPELLE UN TAXI!
SI TU N'AS PAS DE MES NOUVELLES, REMETS LE PAQUET DE LA CONSIGNE À LA POLICE ET DIS-LUI CE QUE TU SAIS! TIENS, VOILÀ LA CLEF DE LA CONSIGNE!
NE CRAINS RIEN! TU SERAS VITE À L'AÉROPORT!
J'AI SEMÉ LES TYPES QUI ME SUIVAIENT, MAIS...
!
F. Walthéry 73

ALORS TU NOUS DIS OÙ TU AS PLANQUÉ L'OBJET !
... OU C'EST LA FÊTE DE TA PETITE COPINE !!!
NON !... LAI... LAISSEZ-LA TRANQUILLE !! ELLE NE SAIT RIEN ! RIEN ! JE... JE...
... J'AI LIVRÉ LES DIAMANTS !... JE NE COMPRENDS PAS CE QUE...
BON !
NON !!
BOK
BANG
BOK
f. Walthéry 73

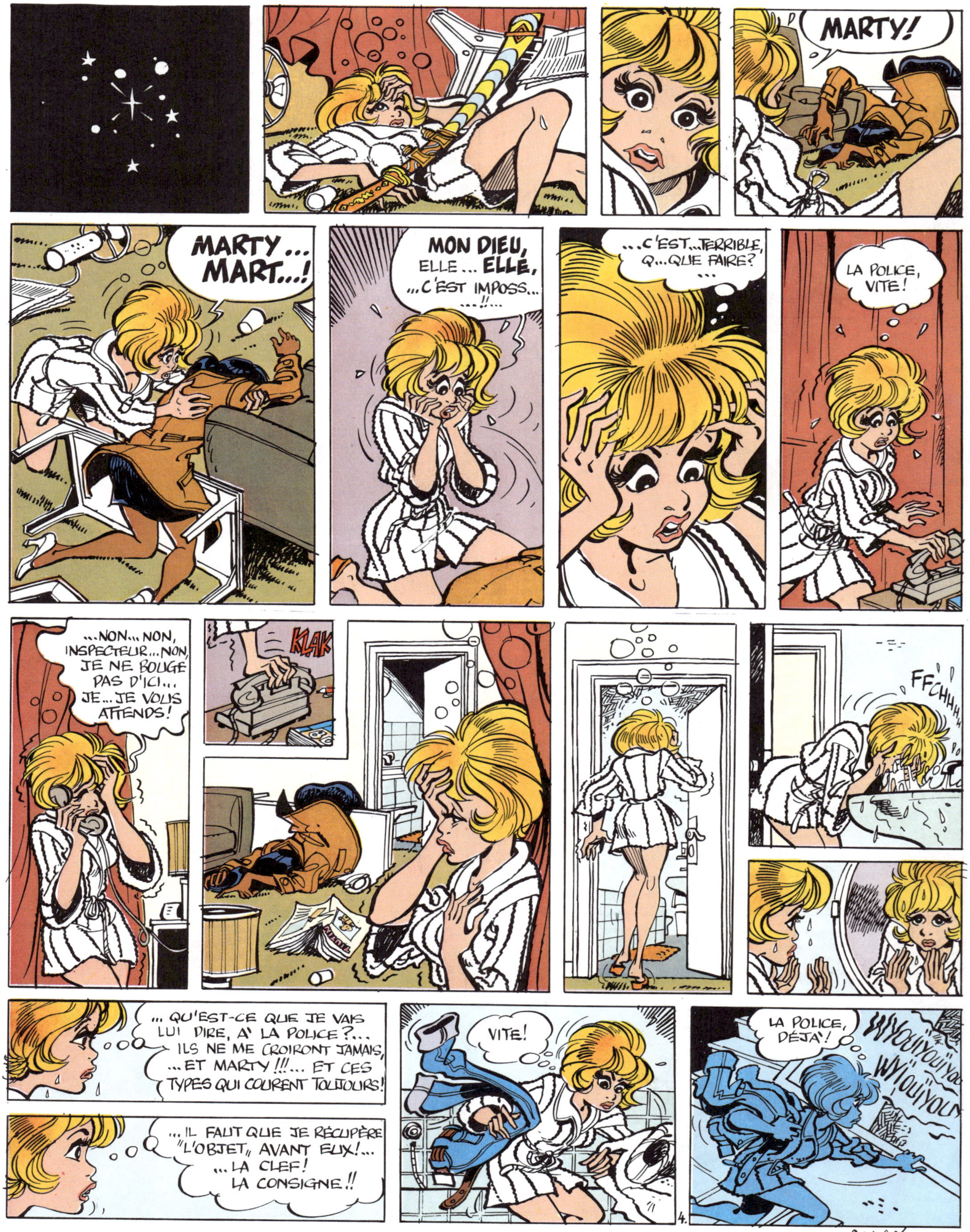
MARTY!
MARTY... MART...!
MON DIEU, ELLE... ELLE, ...C'EST IMPOSS... ...!!...
...C'EST...TERRIBLE, Q...QUE FAIRE? ...
LA POLICE, VITE!
...NON...NON, INSPECTEUR...NON, JE NE BOUGE PAS D'ICI... JE... JE VOUS ATTENDS!
KLAK
FFCHHH
... QU'EST-CE QUE JE VAIS LUI DIRE, A LA POLICE?... ILS NE ME CROIRONT JAMAIS, ...ET MARTY!!!... ET CES TYPES QUI COURENT TOUJOURS!
VITE!
LA POLICE, DÉJÀ!
WIYOUIYOUIYOU WIYOUIYOU
...IL FAUT QUE JE RÉCUPÈRE "L'OBJET" AVANT EUX!... ...LA CLEF! LA CONSIGNE!!
4.
f. Walthéry 73

CHANCE! LE TAXI!
TRUMPF
À L'AÉROPORT! GROUILLEZ-VOUS!
EH BEN!
DITES, DES FOIS QU'C'EST BAS À SAINT-TROB.OU AU SAUNA QUE J'DOIS VOUS CONDUIRE, BA P'TITE DAME! ... SNURF!
PFFFT
ON AVAIT DÉJÀ PRIS MON TAXI POUR N'IMPORTE QUOI... MAIS POUR UN BAIN DOUCHE, QUAND MÊME...
SNIFR
...FAUT PAS POUSSER
TRUMPF
IL SE DIRIGE VERS L'AÉROPORT!
CES JEUNES, PLUS D'MORALITÉ
SNIFR
ON Y EST!
ET C'EST BAS L'ASILE!
EH BEN!
ELLE EST ENTRÉE DANS LE GRAND HALL!
HÉ! NATACHA! JE PARS POUR TAHITI, ET TOI?...
...HEU...NON! JE NE VOLE PAS CE SOIR, MAIS...
5.
F. Walthéry 73

QUE SE PASSE-T-IL?
... RIEN ALLONS PLUS LOIN!...
AÏE! CES TYPES ME SUIVENT!
??
QU'EST-CE QU'ELLE FABRIQUE LÀ?
HEU... PEUX-TU ME RENDRE UN PETIT SERVICE?
QUELLE QUESTION, MAIS QUE NE FERAIS-JE P...
KLM
BON! JE DOIS AVOIR UN COLIS EN CONSIGNE, MAIS C'EST ASSEZ LOURD. POURRAIS-TU ME L'APPORTER AU VESTIARE? VOICI LA CLEF!
PAS DE PROBLÈME, PRINCESSE, J'ARRIVE !!
VESTIAIRES
KLM
...OÙ RESTE-T-IL? ?!
POUR DES TRUCS AUSSI LOURDS, TU PEUX TOUJOURS COMPTER SUR MOI!
AH!
NERVEUSE! UNE TROUSSE DE TOILETTE!
RIIIIP
LA BOÎTE CASSÉE!
IL N'Y A RIEN DE PARTICULIER !!??
MAIS QUE FAIT-ELLE LÀ DERRIÈRE @%☆! JE SENS QUE JE VAIS ME PAYER CETTE PORTE!
6.
F. Walthéry 73

TIENS... MARTY, TU LA VOYAIS CES DERNIERS TEMPS ?
RAREMENT !... ELLE TRAVAILLAIT SOUVENT AVEC GEORGES; TU SAIS, LE PILOTE QUI A DISPARU !...
JE LA VOYAIS LE PLUS SOUVENT EN SA COMPAGNIE AU "CASTEL", LE BISTROT-RESTAURANT EN VILLE... TU CONNAIS ?...
JE VOUS Y EMMÈNERAIS BIEN CASSER LA GRAINE, PRINCESSE, MAIS IL FAUT QUE JE FILE. TAHITI M'ATTEND !...
ET WALTER ? EST-IL VENU AVEC SA NOUVELLE VOITURE ?
TU PARLES QUE TON STEWARD PRÉFÉRÉ EST VENU AVEC SA BAGNOLE... TOUT LE MONDE A EU DROIT AU TOUR D'HONNEUR ! ...DANS UNE MINI-COOPER, S'IL VOUS PLAÎT !... ALLEZ, TCHAO ! JE COURS, JE VOLE !
BON ! COMMENT SORTIR D'ICI SANS ME FAIRE DE NOUVEAU REPÉRER ??
OUF, IL N'EST PLUS LÀ !
OUI, MONSIEUR... NOUS AVIONS FOUILLÉ LA RÉSIDENCE DE LA MÉTISSE !... ... NON, RIEN TROUVÉ... OUI... JE SAIS, MONSIEUR, IL EST DIX HEURES, MAIS IL RESTE UNE CHANCE : LA PETITE BLONDE... ELLE A FILÉ VERS L'AÉROPORT SITÔT LA BAGARRE TERMINÉE...
... NOUS GUETTIONS DEHORS... IMPOSSIBLE DE S'ÉTERNISER À L'INTÉRIEUR APRÈS CE VACARME... LA POLICE ALLAIT ARRIV...
LA VOILÀ !
CE QUE JE VAIS ESSAYER DE FAIRE N'EST PAS TRÈS GENTIL, MAIS...
ELLE A UN PAQUET ! ??
C'EST MA SEULE CHANCE... POURVU QUE...
PAUVRE WALTER ! TOUJOURS AUSSI DISTRAIT : PORTIÈRES OUVERTES !... CLEF DE CONTACT SUR LE TABLEAU... JE L'EMBRASSERAI ! AÏE ! LA VITESSE !!
VROOOP
KRAAK
MILLE MILLIARDS DE MIL...
LA BAGNOLE ! VITE !...
7.
F. Walthéry 73

5 MINUTES APRÈS...
LÀ!
UNE FEMME AU VOLANT, ÇA SE GRATTE!
C'EST BIZARRE... POURQUOI ONT-ILS CESSÉ DE ME SUIVRE?
PETER
ENFIN, TANT MIEUX!
CIEL!
C'EST ELLE! VAS-Y!
!
M... MAIS...!
VRAAA
QUI C'EST QUI PARLAIT DE FEMMES AU VOLANT?!
OH! ÇA VA, HEIN! BOUCLE-LA!
VRAAA
FAUT COÛTE QUE COÛTE LA COINCER! ELLE A "L'OBJET", J'EN SUIS SÛR!
PAS FACILE, V'LÀ DÉJÀ LA VILLE!
F. Walthéry 73

ILS ME RATTRAPENT!
BAR
GRILL
IDÉE!!
NOMDE
VROAAA
MARCHE ARRIÈRE! VITE!...
HOLA!
SOAP HOTEL
?!
!
CLUB
VROP
VRAA
FLLUP
CHRYSLER
823J.3
J'TE SIGNALE QUE C'EST PAS AUX POUBELLES QU'ON EN VEUT!
ÉCONOMISE TON HUMOUR, T'EN AURAS BESOIN POUR SUPPORTER CE QUE LE PATRON NOUS PASSERA SI ON LA RATE!
...DANS CETTE RUE, PEUT-ÊTRE QUE...
SHOP
PUB
BAR
OUF! ILS NE M'ONT PAS VUE!
MAIS?!... MAIS LA'!... C'EST LE "CASTEL"! LE CAFÉ-RESTAURANT DE MARTY! ELLE Y A BEAUCOUP D'AMIS... ...PEUT-ÊTRE QUE L'UN D'EUX POURRA M'AIDER A' COMPRENDRE CE MICMAC!?
RESTAURANT
CASTEL
F. Walthéry 73

CEPENDANT, A' L'AÉROPORT...
J'EN AI MARRE! ...
... MAIS QU'EST-CE QUE J'EN AI MARRE!... ... ET GNAGNA... VOUS PRENDREZ BIEN UN VERRE, MONSIEUR LE STEWARD... ET GNAGNA ET GNAGNA... ET QUI C'EST QUI A MAL AU CRÂNE MAINTENANT? HEIN? C'EST MONSIEUR LE STEWARD!!
JA-MAIS PEN-DANT LE SER-VICE!... MEUUUUH NON, MONSIEUR LE STEWARD, LA SATISFACTION DE VOS PASSAGERS AVANT TOUT, ET NOUS NE SERONS SATISFAITS QUE SI VOUS FÊTEZ LA RÉUSSITE DE NOS CONTRATS AVEC NOUS! QUELLE JOURNÉE!
ARKING
MON CRÂNE!! OOOOH! ET POURQUOI CETTE NEIGE FAIT-ELLE TANT DE BRUIT EN TOMBANT?!!...
ENCORE HEUREUX QUE J'AI MA VOIT...?!
M...MA VOI VOI?!
MA TUTU!?
POLICE!
ARMÉE! F.B.I.!
VESTIAIRE
..RRF...ON A FVO...VOLÉ MA VOITRUUUUUR!
TAHITI, C'EST FINI!
...ON A VOLÉ MA...MA NOUVELLE V...VOITURE!
HEIN?
BOUMTOC BOUMTOC BOUMTOC
MAIS NON, C'EST NATACHA, JE L'AI VUE PASSER... J'AVAIS TOUT LE TEMPS; J'AI RATÉ MON AVION A' CAUSE D'ELLE!...
NATACHA?!
OUAIS, ELLE AVAIT L'AIR DRÔLEMENT PRESSÉE ET NERVEUSE! ... J'AI MÊME ENTENDU CRAQUER LES VITESSES!
MA MINI, C'EST FINI!

NATACHA !? QU'EST-CE QU'ELLE ME FICHE ?...
OHLÀLÀ ! MA TÊTE !
INTER
ALLO, NATACHA ?!
JE SUIS À L'AÉROP...
NATACHA N'EST PAS ICI ! MAIS VOUS POUVEZ LAISSER UN MESSAGE !
EUH... EXCUSEZ-MOI, JE N'AI PAS DÛ FAIRE LE BON NUMÉRO !
MAIS SI ! MAIS SI !
MADEMOISELLE NATACHA VA REVENIR D'UN INSTANT À L'AUTRE...
MAIS NON ! MAIS NON ! MOI, C'EST UNE AUTRE NAT...
MAIS SI MAIS SI !
OOOOH !
AH BON !... BEN, ICI, C'EST LE STEWARD WALTER, SON AMI... MA VOITURE A DISPARU... ET JE VOUDRAIS SAVOIR OÙ EST NATACHA ?!
NOUS AUSSI !
ICI COMMISSAIRE MOREL ! MONSIEUR WALTER, VOUS VIENDREZ NOUS EXPLIQUER TOUT ÇA CALMEMENT, DEMAIN, HUIT HEURES, AU COMMISSARIAT CENTRAL !...
KLAK
...QU'EST-CE QUI SE PASSE ? ET MA VOITURE ?... ET NATACHA ?
LA POLICE ? MAIS J'AI RIEN FAIT, MOI !
WALKER
QUEL VOYAGE ! QUELLE JOURNÉE ! QUELLE VIE !...
PIGE PLUS RIEN, MOI !...
OOOOH, MA TÊTE !
ALLER EN VILLE, BOIRE UN BON PETIT CAFÉ... VOIR DES COPAINS, DES VRAIS, QUI ME DIRONT DES CHOSES QUE JE COMPRENDRAI !
TAXI RÉSERVÉ
TAXI
TRUMF SNIRF !
HEU... À LA POLICE... NON... EEUUH... À TAHITI... E... EN VOITURE... NON ! EN VILLE !
PFFFT !
MAIS C'EST PAS VRAI, J'ATTRAPE TOUS LES CINGLÉS, MOI, CE SOIR ! QUEL MÉTIER ! C'EST PAS HUMAIN !
TAXI
SNURF
f. Walthéry 73

CEPENDANT...
NON, JE N'AI PLUS VU MARTY DEPUIS L'ACCIDENT DE GEORGES, LE PILOTE !
JE DEVRAIS RETROUVER DES GENS QU'ELLE VOYAIT SOUVENT AVEC GEORGES; PEUT-ÊTRE LES CONNAISSEZ-VOUS ?... C'EST TRÈS IMPORTANT !
OH! MAIS VOUS SAVEZ DES PILOTES ET DES STEWARDS, C'EST PAS CE QUI MANQUE, ICI !
LES PERSONNES QUE JE CHERCHE NE FONT PAS PARTIE DU PERSONNEL NAVIGANT !
AH! MAIS ATTENDEZ !... ... OUI... OUI, MARTY ET GEORGES VENAIENT QUELQUEFOIS DÎNER AVEC UN OU DEUX TYPES ... MAIS JE NE LES CONNAIS PAS! PAR CONTRE, CARL PETERSEN, UN PILOTE, DOIT POUVOIR VOUS RENSEIGNER; IL LES RECONDUISAIT SOUVENT !
JE CONNAIS LE COMMANDANT PETERSEN ! VOUS AVEZ UNE IDÉE DES ENDROITS OÙ ON PEUT LE TROUVER ?
CHEZ LUI, ÉVIDEMMENT, MAIS À CETTE HEURE IL VA SOUVENT PRENDRE UN VERRE AU "CARRÉ" !
MAIS...
LÀ ! LA MORRIS !
LA VOILÀ !
!
ON LA TIENT !
823J.3
BAR
WILKET
f. Walthéry 73

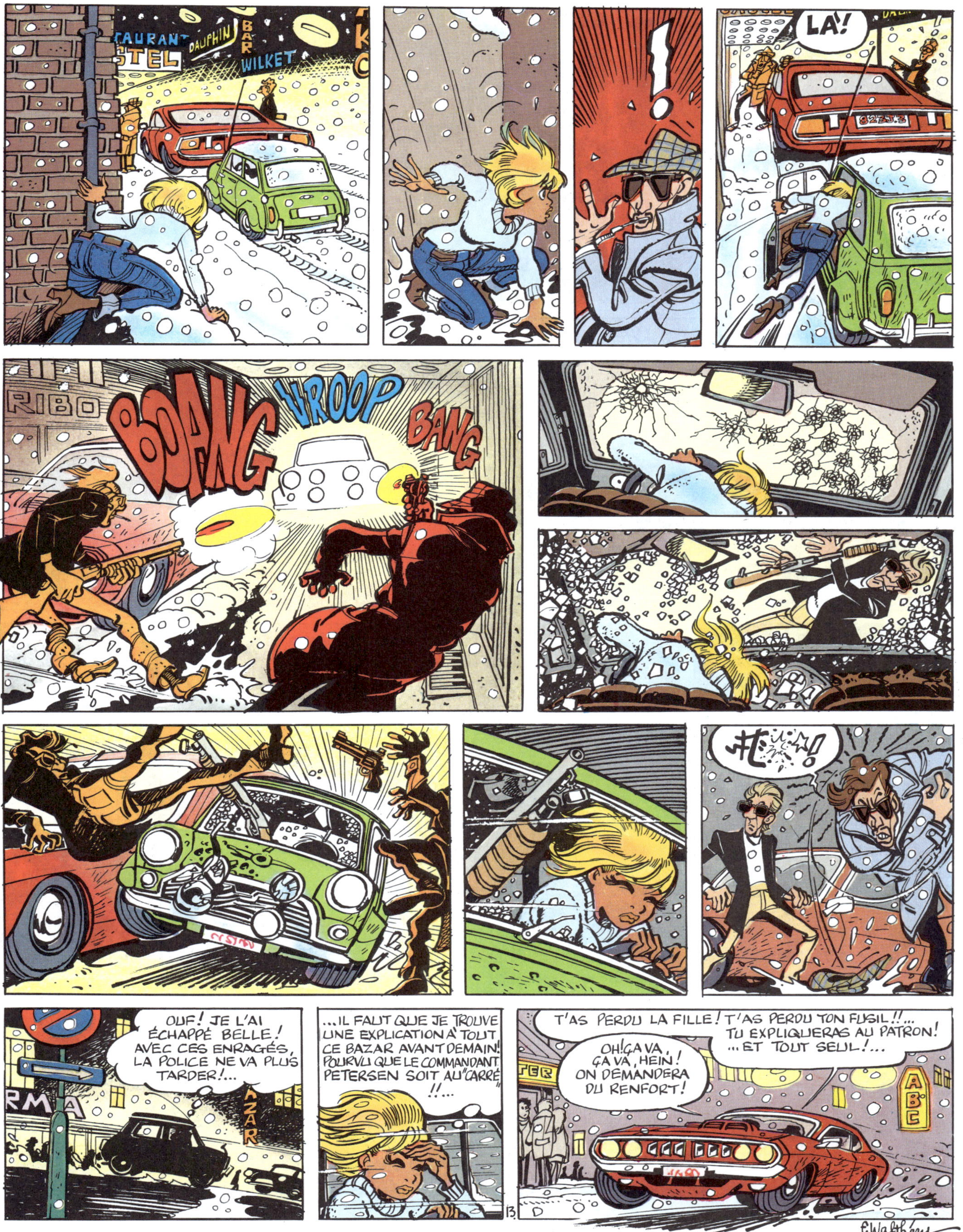
TAURANT
STEL
DAUPHIN
BAR
WILKET
!
LÀ!
RIBO
BOANG
VROOP
BANG
OUF! JE L'AI ÉCHAPPÉ BELLE! AVEC CES ENRAGÉS, LA POLICE NE VA PLUS TARDER!...
...IL FAUT QUE JE TROUVE UNE EXPLICATION À TOUT CE BAZAR AVANT DEMAIN! POURVU QUE LE COMMANDANT PETERSEN SOIT AU "CARRÉ" !!...
T'AS PERDU LA FILLE! T'AS PERDU TON FUSIL!!... TU EXPLIQUERAS AU PATRON! ...ET TOUT SEUL!...
OH! ÇA VA, ÇA VA, HEIN! ON DEMANDERA DU RENFORT!
ABC
F. Walthéry 73

COMMENT PERDUE !? COMMENT PERDUE !?
MAIS, MONSIEUR ...
IL EST 23 HEURES ! CELA FAIT UNE JOURNÉE QUE VOUS COUREZ APRÈS L' "OBJET" !... ET DEUX FILLES SUFFISENT À VOUS METTRE DES BÂTONS DANS LES ROUES ! BRAVO, LES SPÉCIALISTES !
MAIS ...
BON ! VOUS AUREZ DU RENFORT ! L'AFFAIRE EST TROP IMPORTANTE, MAIS JE VOUS PRÉVIENS : AUCUN ÉCHEC NE SERA TOLÉRÉ !
LE PATRON ENVOIE TROIS TYPES, PLACE VERTE ! GROUILLE-TOI !
T'AGITE PAS, PAPA ! AVEC LA MINI EN MORCEAUX, ON L'AURA TRÈS VITE RETROUVÉE !
HOTEL
GRILL
823 J.3
QUI A-T-IL DE SI TERRIBLE À CETTE SALE PETITE BOÎTE ?!... EN TOUT CAS, JE TE GARDE AVEC MOI, TOI !
PETERSEN DOIT SAVOIR !! ...
DANCING
CARRE
BAR
WILD WEST
TRAM
OUI, MADEMOISELLE, LE COMMANDANT PETERSEN EST ICI AVEC UNE BANDE D'AMIS ! LA TABLE DU FOND !
BOOGIE WO
CHOOGA
BOO
LE COMMANDANT PETERSEN ?... CARL ?... IL ÉTAIT AVEC NOUS, JEUNE FILLE, MAIS CE GRAND DADAIS N'EST PLUS EN FORME, IL EST ALLÉ DORMIR ! EH OUI ! MAIS VOUS AVEZ DE LA CHANCE, JE SUIS LÀ, MOI ...
ET HOP, JE VOUS INVITE À DANSER !
EUH... NON, MERCI ! IL FAUT QUE JE LE TROUVE !... VOUS CONNAISSEZ SON ADRESSE ?
BEN OUI ! 38, RUE DU PONT, PAS LOIN D'ICI ! ET...
14
F. Walthéry 73

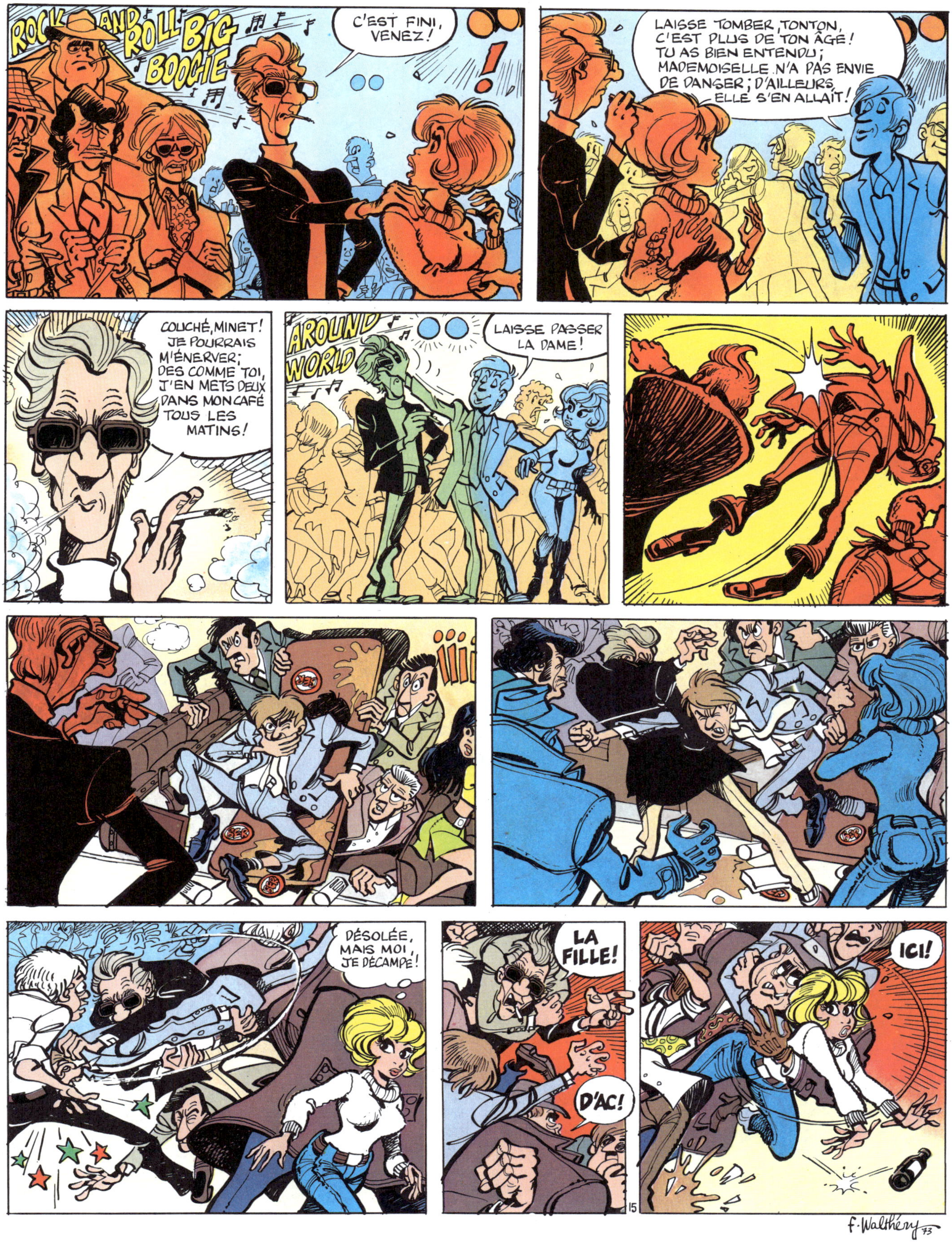

ROCK AND ROLL BIG BOOGIE
C'EST FINI, VENEZ!
!
LAISSE TOMBER, TONTON, C'EST PLUS DE TON ÂGE! TU AS BIEN ENTENDU; MADEMOISELLE N'A PAS ENVIE DE DANGER; D'AILLEURS, ELLE S'EN ALLAIT!
COUCHÉ, MINET! JE POURRAIS M'ÉNERVER; DES COMME TOI, J'EN METS DEUX DANS MON CAFÉ TOUS LES MATINS!
AROUND WORLD
LAISSE PASSER LA DAME!
DÉSOLÉE, MAIS MOI, JE DÉCAMPE!
LA FILLE!
D'AC!
ICI!
15
F. Walthéry 73

VERS LA SORTIE!
ROLL
TONIGH
LÂCHEZ-MOI! GROSSE BRUTE!
WITH A LITTLE SUGAR IN MY
COFFEEWEEeeee SHAKE OH
PLEASE BABY PLEAS
BOM
COME HOME
BROOF
KLOP
BAF
WITH MOTHER
VOUS VENEZ SOUVENT DANSER ICI?
BING
KLING-DZING
IN LAW AND LITT
LA FILLE! ELLE FICHE LE CAMP!
RATTRAPE-LA! VITE! AÏE!
QUEL RYTHME! PAS MOYEN DE LES SUIVRE, CE SOIR!
PEUX PAS ME DÉGAGER!
LÂCHEZ-MOI!
OUCH!
OW!
BON. MAINTENANT, ÇA SUFFIT!
16.
F. Walthéry 73

BOAM
DZING KLING
LA VALSE EST FINIE !!... GROUILLEZ, LES GARS !
OOOH ! C'EST PAS VRAI ?! ELLE NE DÉMARRE PLUS !!...
ALLEZ ! MAIS ALLEZ !!
LÀ ! IL FAUT L'ARRÊTER À TOUT PRIX !
VROAM
MON DIEU ! JE N'EN SORTIRAI JAMAIS !!
GRILL
AÏE ! AÏE ! AÏE !
KRASH
GOOD NIGHT
BAR
BMW
VROP
ENFIN, ON LA TIENT !
CE SALE TRUC ! C'EST MA SEULE CHANCE !!
17.
f. Walthéry 73

TANT PIS!
AÏE!
BANG
MON FLINGUE! ELLE A MON FLINGUE!
GAREZ-VOUS!
BAR
ON VA LA CALMER, CALAMITY-JANE!
VROP
BOANG
TCHRAAK
?!
KLANG
VITE! LA POLICE!
ET LA FILLE!?
ON LA RETROUVERA! GROUILLEZ!
YOUIOUIOU
YOUIOUIOU
YOUI YOUIOUIOUI
CLUB
A' CE RYTHME-LA', JE NE TIENDRAI PLUS LE COUP TRÈS LONGTEMPS!
TROUVER PETERGEN! ET VITE!
18
F. Walthéry 73

PENDANT CE TEMPS...
J'EN AI M...MARRE !... HIPS... LES VOYAGEURS... MON BOUL...HIPS BOULOT... TOUT !!! HUPS TU COMPRENDS ?!?...T'ES UN COPAIN...T... TOI... HUPS !
RESTA NT
CASTEL
...TU CO...COMPRENDS ??? H...HUPS MA NOU...VELLE VOITURE, PFUIT !...HUPS ! N...NATACHA, PFUIT !...NATA...CHA !
BOUHOU HOU !
ON N'ÉTAIT PAS PLUS RELAX ! DEUX COUPS DE FEU DANS LA RUE ! UNE MORRIS QUI SE DÉSINTÈGRE OU PRESQUE !
MORRIS ? NATACHA ! HUPS !
À PROPOS DE NATACHA, ELLE EST VENUE ICI TOUT À L'HEURE ; ELLE SEMBLAIT D'TRÈS NERVEUSE !
TU... TU AS BU NAT... NATACHA ? HUPS ?
ELLE N'A FAIT QUE PASSER ! ELLE CHERCHAIT LE COMMANDANT PETERSEN ! ELLE A DÛ ALLER AU "CARRÉ" !!
AU... AU... HUPS "CARRÉ"... AVEC M... MA VOITURE ?!
T... TOUT D... DROIT AU G..."CARRÉ" !
DIX MINUTES APRÈS
AH ! V... VOILÀ !
CARRE
YES
HIPS ?
OLD WEST
GOOD NIGHT
BAR
M... MA MINI !
MA MINI !
COMMENT ÇA "VOTRE MINI" ?!
COMMISSAIRE MOREL, P.J. ! VOS PAPIERS !
HIPS... C'EST PAS POS...SIBLE HUPS ! ...MA VOITUUUUUUURE ... M...HIPS ! MA MINIHIPS ... NATACH... A ... HUPS !... SI T'ES UN CO...PAIN, CO... COMMIZAIRE, UN VRAI... DIS-MOI QUE C'EST PAS VRAI... HIPS !
BOUHOUHOU !
WALTER !! LE STEWARD QUI A TÉLÉPHONÉ CHEZ L'HÔTESSE !
BOUCLEZ-MOI ÇA !... ET FAITES GAFFE ! IL EST PEUT-ÊTRE TRÈS DANGEREUX !
BIZARRE ! BIZARRE !
CE TYPE DOIT ÊTRE TRÈS FORT !...
HUPS ! JE N'AI RIEN F...FAIT, MOI ! DIT, T'ES UN... HIPS COPAIN, TOI,..
PAF
AÏE ! HIPS !
CEPENDANT...
38, RUE DU PONT ! ENFIN, J'Y SUIS !... ILS NE M'ONT PAS RATTRAPÉE !
f. Walthéry 73

PETERSEN, 3ème ÉTAGE!
DRIIING
NATACHA!
?
NATACHA, QUE SE PASSE-T-IL?
VITE, LAISSEZ-MOI ENTRER!
COMMANDANT, JE NE SAIS PAS PAR OÙ COMMENCER!! ...IL EST ARRIVÉ QUELQUE CHOSE DE TERRIBLE! MARTY!... DES... DES GANGSTERS ONT TIRÉ SUR MARTY... CHEZ MOI!... ELLE ÉTAIT VENUE...
CALMEZ-VOUS!! QU'EST-IL ARRIVÉ EXACTEMENT?
JE PEUX AVOIR CONFIANCE EN VOUS, COMMANDANT; VOUS ÉTIEZ L'AMI DE MARTY ET DE GEORGES, LE PILOTE DISPARU!!...
MARTY ÉTAIT MÊLÉE DE FORCE À UN TRAFIC DE DIAMANTS! PUIS CES HORRIBLES GANGSTERS L'ONT POURSUIVIE À CAUSE DE "L'OBJET"!... COMME ILS DISENT!
ELLE S'EST RÉFUGIÉE CHEZ MOI... ET C'EST LÀ QUE... VOUS COMPRENEZ, JE N'AURAIS RIEN SU EXPLIQUER À LA POLICE, CAR...
AINSI CES BANDITS ONT CONTINUÉ; D'ABORD GEORGES, MAINTENANT MARTY...
NATACHA, ON N'A PLUS BEAUCOUP DE TEMPS! IL FAUT FILER! JE FAISAIS D'AILLEURS MES BAGAGES!
IL FAUT QUE VOUS SACHIEZ; MOI AUSSI, J'AI ÉTÉ EMBARQUÉ DANS CETTE HISTOIRE DE TRAFIC... C'EST DEVENU TROP DANGEREUX... "ILS" VONT ME SUPPRIMER TÔT OU TARD!
MAIS POURQUOI TOUTE CETTE FURIE POUR UN TRAFIC EN FIN DE COMPTE ASSEZ BANAL?...
MARTY M'AVAIT PARLÉ DE L'ACHARNEMENT DE CES TYPES À RÉCUPÉRER "L'OBJET"... ...ET COMME CETTE FOIS-CI, "ILS" M'ONT FAIT PARVENIR, AVANT MON EMBARQUEMENT, UNE VALISE À FAIRE PASSER! J'AI FAIT EXAMINER L'ÉTUI À SAVON PAR UN AMI TECHNICIEN DANS UN LABO DE PHYSIQUE! ...IL M'A TÉLÉPHONÉ CET APRÈS-MIDI; LA STRUCTURE DU MÉTAL N'A RIEN D'ORDINAIRE! CE N'EST ABSOLUMENT PAS DU FER-BLANC! CET ALLIAGE ASSEZ RARE EST...
DRIIING DRIIING
?!
CACHEZ-VOUS LÀ! VITE!!...
F. Walthéry 73

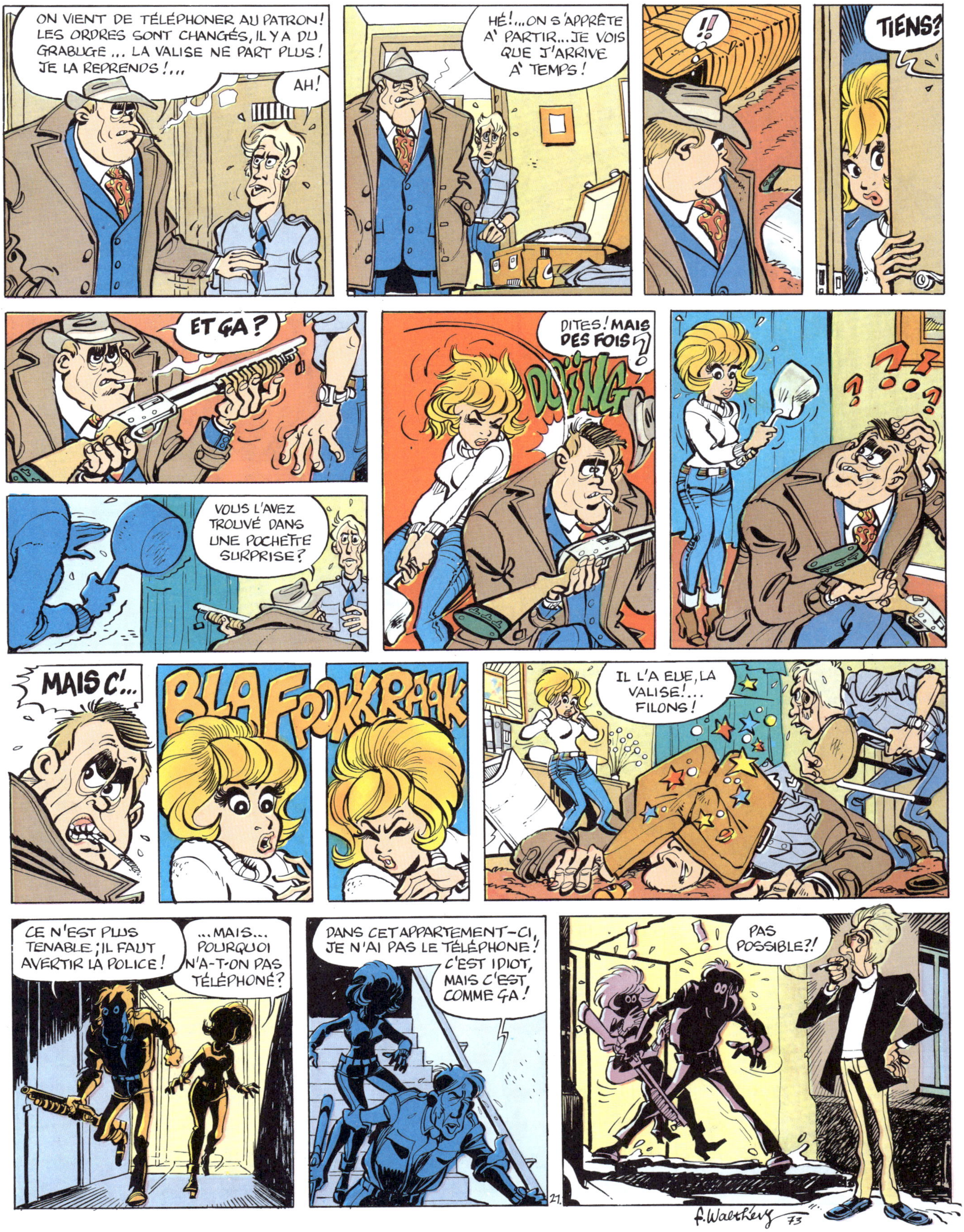
ON VIENT DE TÉLÉPHONER AU PATRON ! LES ORDRES SONT CHANGÉS, IL Y A DU GRABUGE ... LA VALISE NE PART PLUS ! JE LA REPRENDS !...
AH !
HÉ !... ON S'APPRÊTE A' PARTIR... JE VOIS QUE J'ARRIVE A' TEMPS !
!!
TIENS?
ET ÇA ?
VOUS L'AVEZ TROUVÉ DANS UNE POCHETTE SURPRISE ?
DITES ! MAIS DES FOIS ?
DOÏNG
MAIS C'...
BLAFPOKKRAAK
IL L'A EUE, LA VALISE !... FILONS !
CE N'EST PLUS TENABLE ; IL FAUT AVERTIR LA POLICE !
...MAIS... POURQUOI N'A-T-ON PAS TÉLÉPHONÉ ?
DANS CET APPARTEMENT-CI, JE N'AI PAS LE TÉLÉPHONE ! C'EST IDIOT, MAIS C'EST COMME ÇA !
PAS POSSIBLE ?!
F. Walthéry 73

SI!
QUE?...
L'HÔTESSE! MILLE MILLIARDS!
ELLE CAVALE!! AÏEMMH!
COURAGE! LE COMMISSARIAT N'EST PAS LOIN!
RENSON
JE COMMENCE A' EN AVOIR DOUCEMENT RAS LE BOL!
BLAM BLAM BLAM
PIOUUUUW
PARLA
AAH!
COMMANDANT!
VOUS ÊTES BLESSÉ?
A' L'ÉPAULE! ÇA IRA!!
AH! FÉLICITATIONS, MAURICE. POUR LA PRÉCISION, ON REPASSERA!
ÇA VA, HEIN! BOUCLE-LA HEIN!
PAR LES ENTREPÔTS; IL DOIT Y AVOIR MOYEN!
BLAM
LES ENTREPÔTS!! ELLE VA ENCORE NOUS ÉCHAPPER!!
JE VAIS CHERCHER LES DEUX AUTRES!
f. Walthéry 73

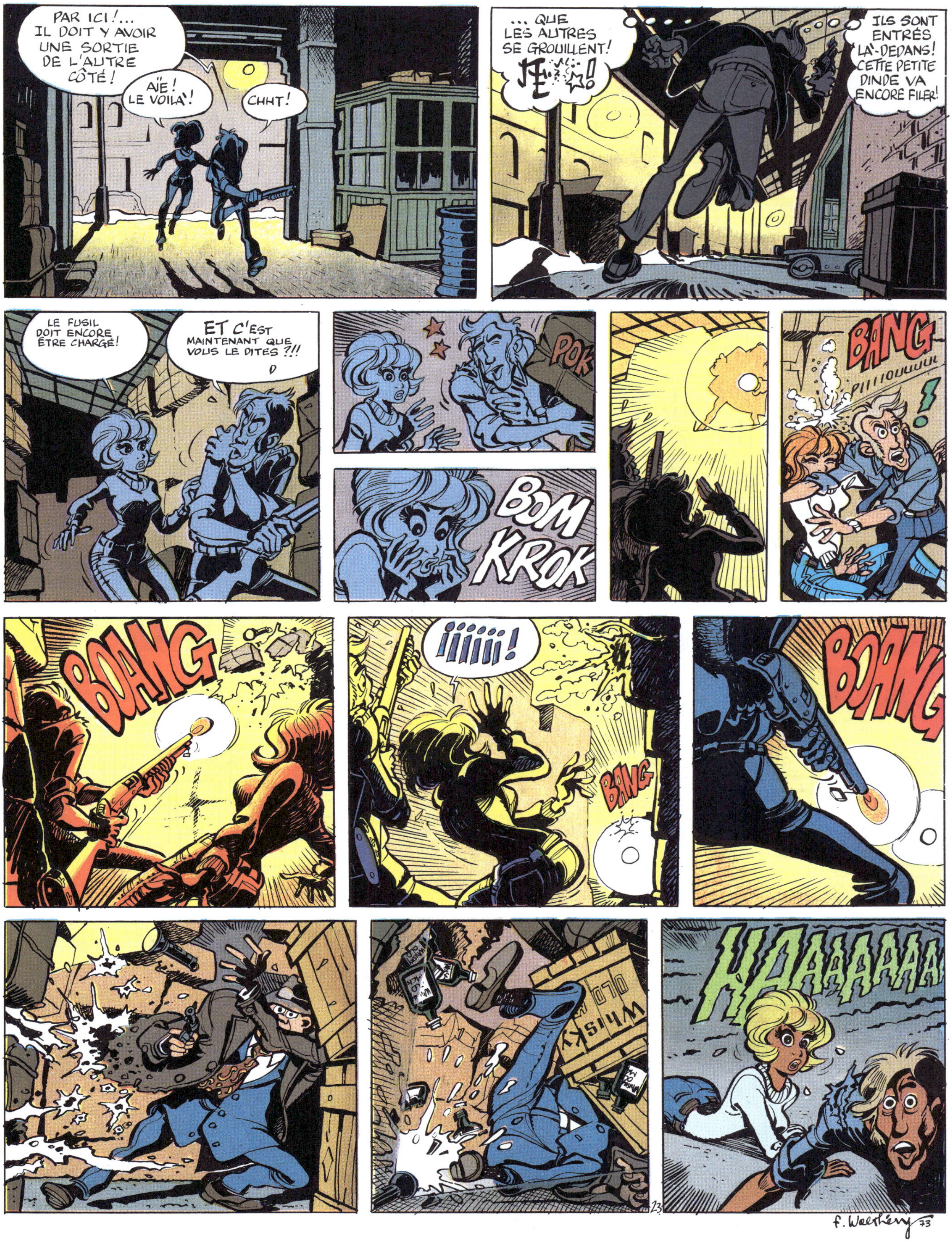
PAR ICI !... IL DOIT Y AVOIR UNE SORTIE DE L'AUTRE CÔTÉ !
AÏE ! LE VOILÀ !
CHHT !
... QUE LES AUTRES SE GROUILLENT !
ILS SONT ENTRÉS LÀ-DEDANS ! CETTE PETITE DINDE VA ENCORE FILER !
LE FUSIL DOIT ENCORE ÊTRE CHARGÉ !
ET C'EST MAINTENANT QUE VOUS LE DITES ?!!
POK
BOM KROK
BANG
PIIIIOUUUUU
BOANG
¡¡¡¡¡¡!
BANG
BOANG
HAAAAAAA
F. Walthéry 73

AAAAAAAA
LE FEU!
AAAAAAA
VRRRRRR ?!
VRRRR
BANG
PIIIIIIOOUWW
BLAM
!
LES POULETS!
OUUOUUU
TANT PIS POUR LES AUTRES! JE VAIS PLANTER MES CHOUX AILLEURS!
LA POLICE!
OUUUU
OOOUUIUOU
POLICE
ON EST FAITS!!
TROIS AFFAIRES EN UNE NUIT, ON COMMENCE À M'ÉNERVER! COFFREZ-MOI TOUT CE QUE VOUS TROUVEZ ET ÉTEIGNEZ CELUI-LÀ!
AAAA!
F. Walthéry 73

DEUX HEURES PLUS TARD...
... OUI, VOUS N'AVIEZ PAS RÉALISÉ À QUELLE BANDE VOUS AVIEZ À FAIRE !!
ET MA PAUVRE MARTY DANS TOUT ÇA !!
VOTRE AMIE MARTY A EU BEAUCOUP DE CHANCE ; ELLE S'EN SORTIRA ET REPRENDRA BIENTÔT SON SERVICE !
ET ELLE AURAIT DÛ FAIRE APPEL À NOUS BIEN PLUS TÔT !...
À L'HÔPITAL, VOTRE AMIE NOUS A RACONTÉ CE QUI S'ÉTAIT PASSÉ !...
D'UN MOMENT À L'AUTRE, NOUS AURONS LE RAPPORT COMPLET DE L'EXPERT AU SUJET DE L'ÉTUI MÉTALLIQUE QUE VOUS M'AVEZ REMIS...
CETTE AFFAIRE CACHE QUELQUE CHOSE DE BIEN PLUS IMPORTANT QU'UN SIMPLE TRAFIC DE DIAMANTS !
D'AILLEURS, COMMANDANT, L'ANALYSE DU MÉTAL FAITE PAR VOTRE COPAIN NOUS PERMETTRA DE GAGNER UN TEMPS TRÈS PRÉCIEUX !...
AH !
... ET GRÂCE À VOS RENSEIGNEMENTS, NOUS RETROUVERONS CE DANGEREUX INDIVIDU QUI NOUS A ÉCHAPPÉ !... ET DE LÀ, METTRE LA MAIN SUR LE RESTE DE LA BANDE QUI VA ÉVIDEMMENT COUPER TOUS LES CONTACTS QU'ELLE A DANS LE PAYS ET DISPARAÎTRE !
JE NE SUIS PAS PRÊTE D'OUBLIER SA TÊTE !
DRIIING
... OUAIS, COMMISSAIRE MOREL, ICI !...
HEIN ?!
... LE MÉTAL DE L'ÉTUI !?... ... VOUS ÊTES SÛR ??... ... ... AVERTISSEZ D'URGENCE LES SERVICES DE CONTRE-ESPIONNAGE !
... CONTRE-ESPIONNAGE ?
JE NE COMPRENDS PLUS, MOI ?!!
... EUH... BON ! VOUS AVEZ DROIT À UNE PETITE EXPLICATION ! DISCRÉTION, HEIN !!...
CONNAISSEZ-VOUS UNE DES UTILISATIONS RÉCENTES DU "LASER" QUI PERMET DE STOCKER DES MILLIONS D'INFORMATIONS CODÉES SUR DES SURFACES MÉTALLIQUES ?
EUH, ... NON !
25
F. Walthéry 73

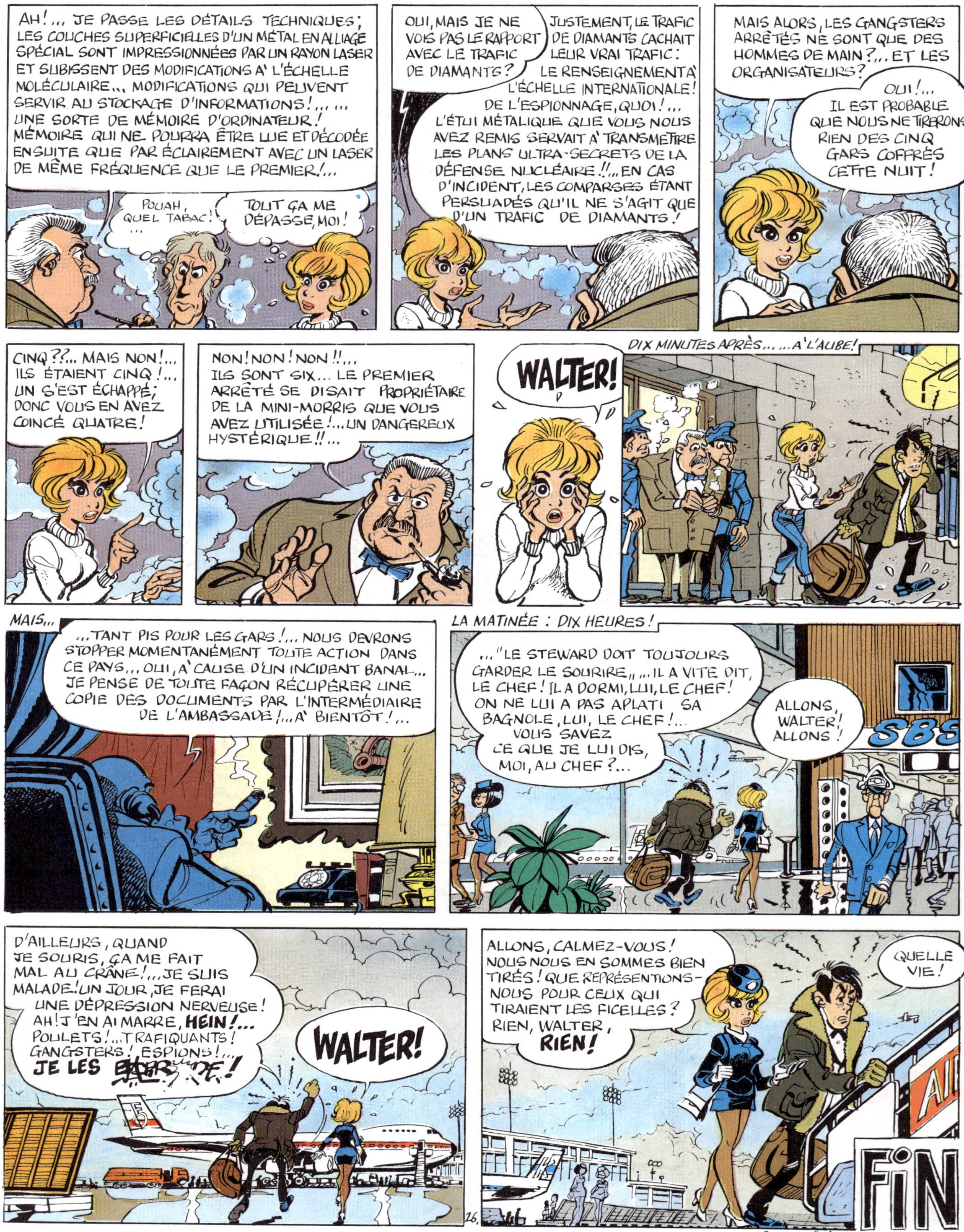

F. Walthéry - E. Borgers - 73

un brin de panique

DING DONG...
ARRIVÉE DU VOL 540 SUR BOEING 727 EN PROVENANCE DE CASABLANCA...

QUELLE VIE!

HEUREUSEMENT, J'AI OBTENU CE CONGÉ...
HÉ LÀ!

"MÔSIEUR", S'IL VOUS PLAÎT, VOULEZ-VOUS OUVRIR VOTRE SAC!
MAIS!?... JE SUIS STEWARD! J'AI DÉJÀ ÉTÉ CONTRÔLÉ ET...

MOI, JE SUIS DOUANIER! JE SUIS LÀ POUR CONTRÔLER! OUVREZ CE SAC!
VOUS L'AUREZ VOULU!

VOUS AURIEZ INTÉRÊT À PRENDRE UN ALLER SIMPLE POUR LA BUANDERIE LA PLUS PROCHE, MON VIEUX!... VOYONS LE CLASSEUR!

DÉSOLÉ, MADEMOISELLE NATACHA, WALTER EST EN CONGÉ! IL NE VOLERA PAS ENCORE AVEC NOUS! MAIS LA PROCHAINE FOIS... J'AI DÉJÀ VU ÇA, VOUS SAVEZ!

QUOI, LES DISQUES? QUOI?... JE LES AI ACHETÉS HIER À FRANCFORT! C'EST MON DROIT, NON?!

CENT DISQUES ! C'EST TROP ! VOUS DEVEZ PAYER LA T.V.A., ET VOUS N'ÊTES PAS INSCRIT SUR LE MANIFESTE ; EN PLUS, VOUS N'AVEZ PAS DE DOCUMENT COMMUNAUTAIRE T2L ! ÇA FERA 7% DE DROIT DE DOUANE.
!!
WALTER ! JE VOUS CROYAIS DÉJÀ EN VACANCES !
PARLONS-EN ! C'EST MAL PARTI, AVEC CETTE ESPÈCE DE JOINT DE CULASSE !
JOINT DE CULASSE ?! !?!... MAIS JE VAIS VOUS FAIRE FOUILLER, MOI !
ALLONS, SOYEZ GENTIL ! CE PAUVRE GARÇON EST TRÈÈÈS FATIGUÉ !
ALLEZ ! ÇA VA !
FAUT PAS S'ÉNERVER, MON GARS ! CROYEZ-MOI, J'AI DÉJÀ VU ÇA !
MFKRSC... PFRRKKRSS, GRR
JE VOUS QUITTE ! JE DOIS SIGNER LE REGISTRE DES RÔLES ! À TOUT À L'HEURE POUR LE BRIEFING, MADEMOISELLE NATACHA !
QUI EST-CE ?
LE COMMANDANT TURBO ! NOUS FAISONS LA LIGNE DE NEW YORK À BORD DU CONCORDE !
VENEZ ! VOUS AVEZ JUSTE LE TEMPS DE M'OFFRIR UN VERRE !
AH NON ! CHACUN DOIT PAYER SA CONSOMMATION !
À CAUSE DE CES REMPLACEMENTS SUR TOUTES LES LIGNES, JE NE SUIS PLUS JAMAIS CERTAIN DE ME RÉVEILLER À TOKYO, CASABLANCA, BELGRADE, JEDDHA OU NAIROBI ! J'EN AI RAS LE BOL !
VOUS EXAGÉREZ, WALTER !
HIER, À FRANCFORT, J'AI ACHETÉ DE TERRIBLES DISQUES DE JAZZ MODERNE ! UN NOUVEL "OSCAR PETERSON" AVEC L'UNIQUE "RAY BROWN" À LA BASSE ET... AH ! ICI "CHARLIE MINGUS" DANS "WEDNESDAY NIGHT PRAYER MEETING"... FORMIDABLE ! SURTOUT LA PARTIE SAX ! JE VOUS FERAI ÉCOUTER ÇA !... ET LE "JAZZ MEETS INDIA" AVEC LE "IRÈNE SCHWEITZER TRIO" ET CE SENSATIONNEL...
JAZZ MEETS INDIA
...JIM HALL, BARNEY KESSEL... ET CE FANTASTIQUE DISQUE "VANGUARD : BLUES...
C'EST TRÈS INTÉRESSANT ! HEU... HUM !... EXCUSEZ-MOI, J'AI UNE ANNONCE À FAIRE !
...AT NEWPORT 1963 AVEC... HÉ ! NATACHA ?
LÂCHEUSE ! BON ! MOI, JE RENTRE ! HOP !
HEP ! MONSIEUR, VOUS OUBLIEZ DE PAYER LES CONSOMMATIONS !
DING DONG...
LES PASSAGERS À DESTINATION DE NEW YORK VOL 541 SUR CONCORDE SONT PRIÉS DE...
Walthéry
2.

BONJOUR, MONSIEUR WALTER! LONGTEMPS QU'ON N'VOUS VOIT PLUS!

MMH!

BZZZ

TCHAK BVVV

CLIC CLIC

PFFFT!

CRRRR

CRRRR

BIG BILL BLUES

I'M GOING TO KANSAS CITY KANSAS CITY HERE I COME

LES FEMMES N'ENTENDENT RIEN A' LA BONNE MUSIQUE!

GLOU GLOU

AVANT CHAQUE VOL, DES RÈGLES STRICTES OBLIGENT LE PERSONNEL A' DES CONTRÔLES PRÉCIS, AUXQUELS VOUS ALLEZ ASSISTER...

ÇA BOUME, MADEMOISELLE NATACHA?

ÇA VA!

ARMOAIR. WAY AND NORD GOLD

VOUS ÊTES DÉSIGNÉE COMME CHEF DE CABINE! JE VAIS VOUS PRÉSENTER VOS COLLÈGUES POUR LE BRIEFING DU DÉPART!

COMBIEN DE LITRES D'ALCOOL PEUVENT DÉBARQUER AUX U.S.A. UN AMÉRICAIN ET UN EUROPÉEN?

HEU?

MONSIEUR DURRY, VOUS CONNAISSEZ! ET UN NOUVEAU, MONSIEUR DELMOTTE. IL EST UN PEU TIMIDE! ÇA LUI PASSERA! J'AI DÉJÀ VU ÇA!

HEU... ENCHANTÉ... MADEMOISELLE... ... EUH?...

NATACHA!

AVANT LE JOB DESCRIPTION, JE SUIS OBLIGÉE DE VOUS POSER LES QUESTIONS TRADITIONNELLES!

HEU... OUI!

QUATRE LITRES POUR L'AMÉRICAIN! UN LITRE POUR L'EUROPÉEN! FAUDRA BLOQUER, HEIN!... VOUS CONNAISSEZ VOTRE PLAN CATERING * POUR CE VOL?

JE...

F. Walthéry 72

3.

* NOMBRE DE REPAS A' SERVIR PENDANT LE VOL.

31

PEU APRÈS...
EUH... LE NOMBRE DE REPAS Y EST!...
ET LES GÂTEAUX?
JE VÉRIFIE, MADEMOISELLE!
BANG
SPLORTCH
OÙ SONT-ILS?
FLORCH
FLACH
FLECH
FLOCH
FLICH
...ILS...Y SONT, MADEMOISELLE!
OK! POUR LA CUISINE! SÉCURITÉ, MAINTENANT! VÉRIFIEZ LA PRESSION DES EXTINCTEURS!
BAM
SPSSFFRLL
...C'EST FAIT!
MH...BON! VOYONS LES GILETS DE SAUVETAGE!
TOUT EST EN ORDRE, COMMANDANT, MAIS LE NOUVEAU N'A PAS L'AIR D'ACCROCHER!
ON VA L'Y ENVOYER EN L'AIR! HA! HA! IL S'Y FERA! J'AI DÉJÀ VU ÇA!...
TILT
LA VÉRIFICATION DE TOUS LES SYSTÈMES DE L'AVION CONTRAINT ÉGALEMENT LES PILOTES À UN PROTOCOLE MINUTIEUX...
TIENS! JE N'AI JAMAIS VU ÇA!...
PSSSIIIT
OK.! POUR LES FLAPS! ESSAI DU NEZ MOBILE!
THUD
4.
UN BUS SPÉCIAL AMÈNERA D'AUTRES PASSAGERS DANS DIX MINUTES!
NE DÉTACHEZ PAS VOS CEINTURES S.V.P.!
AÏE! CEUX-CI N'ONT PAS L'AIR TRÈS GAIS! JE CRAINS POUR LE NOUVEAU!
TOP
F. Walthéry 72

ON M'A FAIT DES ENNUIS À LA DOUANE! JE ME PLAINDRAI!
CERTAINEMENT, MADAME!
L'EXPLORATEUR
VOILÀ LE BUS! OCCUPEZ-VOUS D'EUX!
B...BIEN!
BELA
SPLAT
VOUS ÊTES BLESSÉ, DELMOTTE?
AAAIIE! OUUIE!
RIEN DE CASSÉ! MAIS C'EST SÉRIEUX!
HOUYOUYOI!! HÔÔÔÔ!
JE VAIS TE CONDUIRE À L'INFIRMERIE, C'EST FICHU POUR TON PREMIER VOL, MON GARS!
J'AI DÉJÀ VU ÇA, MA PETITE! ILS NOUS TROUVERONT BIEN UN REMPLAÇANT! RESTE VINGT MINUTES!
JE VAIS PRÉVENIR LE CHEF DES RÔLES!
ET TOI AUSSI!!!!! OUAAAA!!!!!S SI TU VEUX
LOVE! LOVE! LOVE! LOVE!
ILS SONT FOUS, CEUX-LÀ!
f. Walthéry 72

PAS D'AFFOLEMENT! VOYONS QUI EST LIBRE! HUM...

ANN DROVE STEEL LIKE A MAN DRÏING DRÏING JOHN HENRY TOLD HIS LITTLE WOMAN

TIENS, MEMPHIS SLIM A ENGAGÉ UN NOUVEAU MUSICIEN!

HONEY DRÏING

AH! C'EST VOUS, CHEF!...

... REMPLACEMENT? PAS QUESTION!! JE SUIS EN CONGÉ OFFICIEL!

KLAK

ELL, THEY TAKEN JOHN HENRY

NON MAIS!

TO THE DRÏING WHITE USE

COME TO SEE THEIR STEEL-DRIVIN MAN

NON! MONSIEUR LE DIRECTEUR, NON! JE SUIS EN CONGÉ OFFICIEL! RIEN À FAIRE!

VOYONS, WALTER, JE SERAIS SI HEUREUSE SI VOUS ACCEPTIEZ! FAITES-LE POUR MOI! HMM!?...

VOUS PARTEZ DÉJÀ, MONSIEUR WALTER?

TAXI!!

L'AÉROPORT! EN DIX MINUTES!

ON Y SERA, MON POTE! J'AI FAIT LA MARNE, MOI!

QUATRE MINUTES ET DEMIE. CONTENT? C'EST TRENTE BALLES!

PARFAIT... ... ET MERCI ENCORE!

HOP!

FONCEZ! VERS LE CONCORDE! QUESTION DE VIE OU DE MORT!

?

6.

F. Walthéry 72

?
TOP
WOOOiiiiiiiooooo
WALTER, PRÉSENT!
KLAK
DÉPÊCHEZ-VOUS, NOUS PARTONS,..PFFT ...IMMÉDIATEMENT! PFFFTT...
LE PERSONNEL EST D'UN NÉGLIGÉ! JE ME PLAINDRAI À LA COMPAGNIE!
!?!
LOVE
LOVE
LOVE
LOVE
... CONTRÔLE À CONCORDE... AUTORISATION DE DÉCOLLER ACCORDÉE! BON VOYAGE, COMMANDANT TURBO!... ROGER!
OK..! VOUS EN FAITES PAS, J'AI DÉJÀ VU ÇA! ROGER!
ET VOILÀ! À MOI DE JOUER!
LA SÉCURITÉ DE L'AÉROPORT, S'IL VOUS PLAÎT! ET QUE ÇA SAUTE!
... DANS LE CASIER 33 DE LA CONSIGNE? UNE BOMBE?... MAIS !?... QUI ÊTES-V...
KLIK
!
7
F. Walthéry 73

NOUS SOMMES A' 9000 MÈTRES D'ALTITUDE. NOUS VOLONS A' MACH 1 !
LOVE LOVE LOVE LOVE LOVE
QUEL CHAHUT ! QUI SONT CES GARS-LA' ?
LA TROUPE DU "GREAT LITTLE BIG BAND OPÉRA BLUES AND LOVE AROUND THE WORLD ROCK" !
LOVE LOVE WEEEEE
LES AUTRES PASSAGERS SE PLAIGNENT. QUE FAIRE ?
BAH ! FAUT QUE JEUNESSE SE PASSE ! J'AI DÉJÀ VU ÇA !
VOYONS, WALTER, NE FAITES PAS CETTE TÊTE-LA' ! JE CROYAIS QUE VOUS AIMIEZ LA MUSIQUE !
J'AIME LA BONNE MUSIQUE !!
LOVE LOVE WÉÉÉ
AU MÊME INSTANT, A' L'AÉROPORT, LE CASIER 33 EST OUVERT...
EXPLOSIF PUISSANT, MAIS LE SYSTÈME DE MISE A' FEU EST INOFFENSIF !
VOUS... VOUS EN ÊTES CERTAIN ?
LE DÉTONATEUR ÉTAIT RELIÉ A' UN ALTIMÈTRE D'AVIATION ! JE NE COMPRENDS PAS !
DRIIIN
VOUS AVEZ TROUVÉ LA BOMBE ?... LE MÊME MODÈLE EST CACHÉ A' BORD DU CONCORDE ! SI L'AVION DESCEND EN DESSOUS DE 6.000 MÈTRES D'ALTITUDE, L'ALTIMÈTRE DÉCLENCHERA LE DÉTONATEUR ET...COMPRIS ?...
!?
JE RÉVÈLE OÙ EST CACHÉE LA BOMBE CONTRE UNE RANÇON DE CINQ CENT MILLE DOLLARS. INSTRUCTIONS SUIVRONT !
KLIK
C'EST AFFREUX ! IL FAUT LES PRÉVENIR !
...RÉPÈTE : BOMBE DISSIMULÉE A' BORD ! EXPLOSION EN DESSOUS DE 6000 MÈTRES D'ALTITUDE ! GARDEZ VOTRE CAP ! NOUS PRÉVENONS NEW YORK !
!
?
LOVE LOVE LOVE LOVE LOVE
NATACHA ! WALTER ! VENEZ VITE !
LOVE LOVE WÉÉÉ
...ET FOUILLEZ TOUS LES ENDROITS ACCESSIBLES !!!
8.
F. Walthéry 73

SURTOUT, GARDEZ LE SOURIRE; IL NE FAUT, EN AUCUN CAS, EFFRAYER LES PASSAGERS!
LOVE LOVE
LOVE LOVE
...CET ENGIN DOIT SE TROUVER DANS UN ENDROIT ACCESSIBLE! MAIS OÙ?
RIEN DANS LA SOUTE, NATACHA!
RECOMMENÇONS LA FOUILLE!
B16
RIEN, COMMANDANT! NOUS AVONS TOUT RETOURNÉ!
AÏE! AÏE! JE PRÉVIENS L'AÉROPORT!
JE N'AI JAMAIS VU ÇA!
IL FAUT PAYER! NOUS N'AVONS PAS LE CHOIX!
BOK
MAIS ENFIN, MONSIEUR, J'AVAIS DIT DE NE PAS DÉTACHER VOS CEINTURES!
DRIING
OUI, NOUS AVONS L'ARGENT! ...BIEN! IL VIENDRA SEUL... ... ...NON, NON! NOUS NE TENTERONS RIEN! LE TEMPS JOUE POUR VOUS!...?...DES ROSES??... ...?...
LA PERSONNE QUE J'ENVOIE IGNORE TOUT DE L'AFFAIRE ET NE ME CONNAÎT PAS! SI VOUS L'ARRÊTEZ, VOUS NE SAUREZ JAMAIS OÙ EST CACHÉE LA BOMBE, ET LE CONCORDE EXPLOSERA S'IL TENTE D'ATTERRIR! VOILÀ! ET N'OUBLIEZ SURTOUT PAS LES ROSES!
KLAK
CAFÉ A. Braham
QU'EST-CE QU'ILS ATTENDENT? L'AVION SURVOLE DÉJÀ LA CÔTE AMÉRICAINE! DANS CINQUANTE MINUTES, IL SERA TROP TARD!
HEU... NON... NON! MADEMOISELLE! CETTE PLACE N'EST PAS LIBRE JE... J'ATTENDS... HEU...
OH!... C'EST VOUS QUI...!
VOILÀ LES CINQ CENT MILLE DOLLARS!... DITES À VOTRE AMI DE FAIRE VITE! IL RESTE PEU DE TEMPS!
ET POUR MADEMOISELLE?... AH?! ÇA N'A PAS L'AIR DE MARCHER, MON POTE!... LES ROSES, AVEC LES FEMMES, C'EST DÉPASSÉ!
9.
F. Walthéry 73

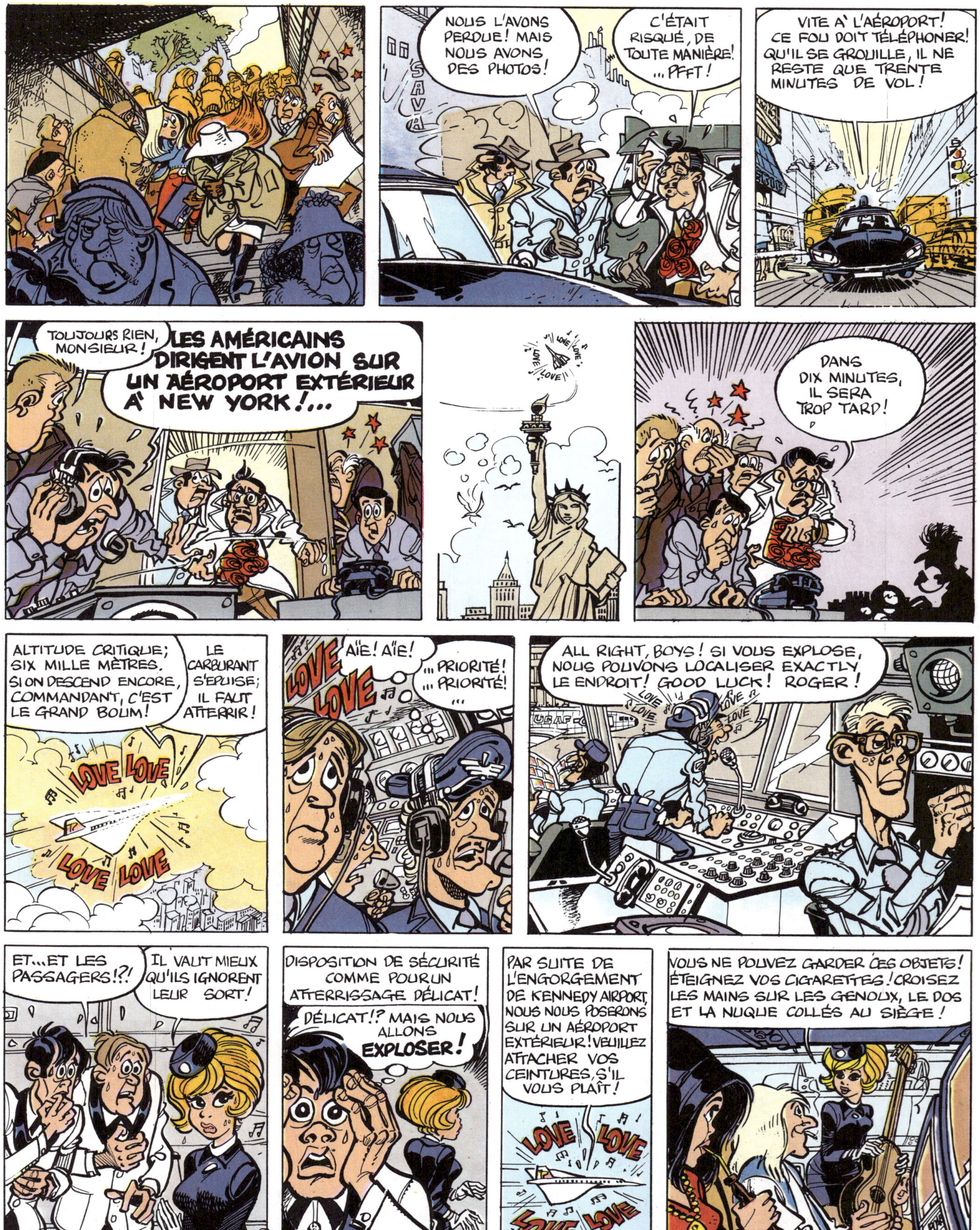
NOUS L'AVONS PERDUE! MAIS NOUS AVONS DES PHOTOS!
C'ÉTAIT RISQUÉ, DE TOUTE MANIÈRE! ... PFFT!
VITE À L'AÉROPORT! CE FOU DOIT TÉLÉPHONER! QU'IL SE GROUILLE, IL NE RESTE QUE TRENTE MINUTES DE VOL!
TOUJOURS RIEN, MONSIEUR!
LES AMÉRICAINS DIRIGENT L'AVION SUR UN AÉROPORT EXTÉRIEUR À NEW YORK!...
DANS DIX MINUTES, IL SERA TROP TARD!
ALTITUDE CRITIQUE; SIX MILLE MÈTRES. SI ON DESCEND ENCORE, COMMANDANT, C'EST LE GRAND BOUM!
LE CARBURANT S'ÉPUISE; IL FAUT ATTERRIR!
LOVE LOVE
LOVE LOVE
AÏE! AÏE!
... PRIORITÉ! ... PRIORITÉ! ...
ALL RIGHT, BOYS! SI VOUS EXPLOSE, NOUS POUVONS LOCALISER EXACTLY LE ENDROIT! GOOD LUCK! ROGER!
ET... ET LES PASSAGERS!?!
IL VAUT MIEUX QU'ILS IGNORENT LEUR SORT!
DISPOSITION DE SÉCURITÉ COMME POUR UN ATTERRISSAGE DÉLICAT!
DÉLICAT!? MAIS NOUS ALLONS EXPLOSER!
PAR SUITE DE L'ENGORGEMENT DE KENNEDY AIRPORT, NOUS NOUS POSERONS SUR UN AÉROPORT EXTÉRIEUR! VEUILLEZ ATTACHER VOS CEINTURES, S'IL VOUS PLAÎT!
LOVE LOVE
LOVE LOVE
VOUS NE POUVEZ GARDER CES OBJETS! ÉTEIGNEZ VOS CIGARETTES! CROISEZ LES MAINS SUR LES GENOUX, LE DOS ET LA NUQUE COLLÉS AU SIÈGE!
10.
f. Walthéry 73.

ON VA ESSAYER DE DESCENDRE TRÈS LENTEMENT !... ADIEU, LES ENFANTS !
JE N'AI JAMAIS VU ÇA !
C'EST LE MOMENT !
TOUT ÇA, C'EST VOTRE FAUTE, NATACHA ! MOI, J'ÉTAIS EN CONGÉ ! VOUS AUREZ MA MORT SUR LA CONSCIENCE !
MES REGRETS NE SERONT PAS LONGS ! ADIEU, WALTER !
DÉTOURNEZ-VOUS SUR SAN KUKARACHA !
AH NON ! CE N'EST PAS LE MOMENT ! ALLEZ VOUS ASSEOIR !
COMPRIS !?!
AÏE ! AÏE ! AÏE !
AÏE ! AÏE ! AÏE !
LE MÉCANISME DE MISE À FEU EST PEUT-ÊTRE BLOQUÉ !
J'AI JAMAIS VU ÇA !
S'IL SUPPORTE L'ATTERRISSAGE, ON A UNE CHANCE !
J'AI JAMAIS VU ÇA ! J'AI JAMAIS VU ÇA !
AÏE ! AÏE ! AÏE !
NOM DE NOM DE DE NOM...
TENG
AÏE ! POC POC OUCH OUCH POC

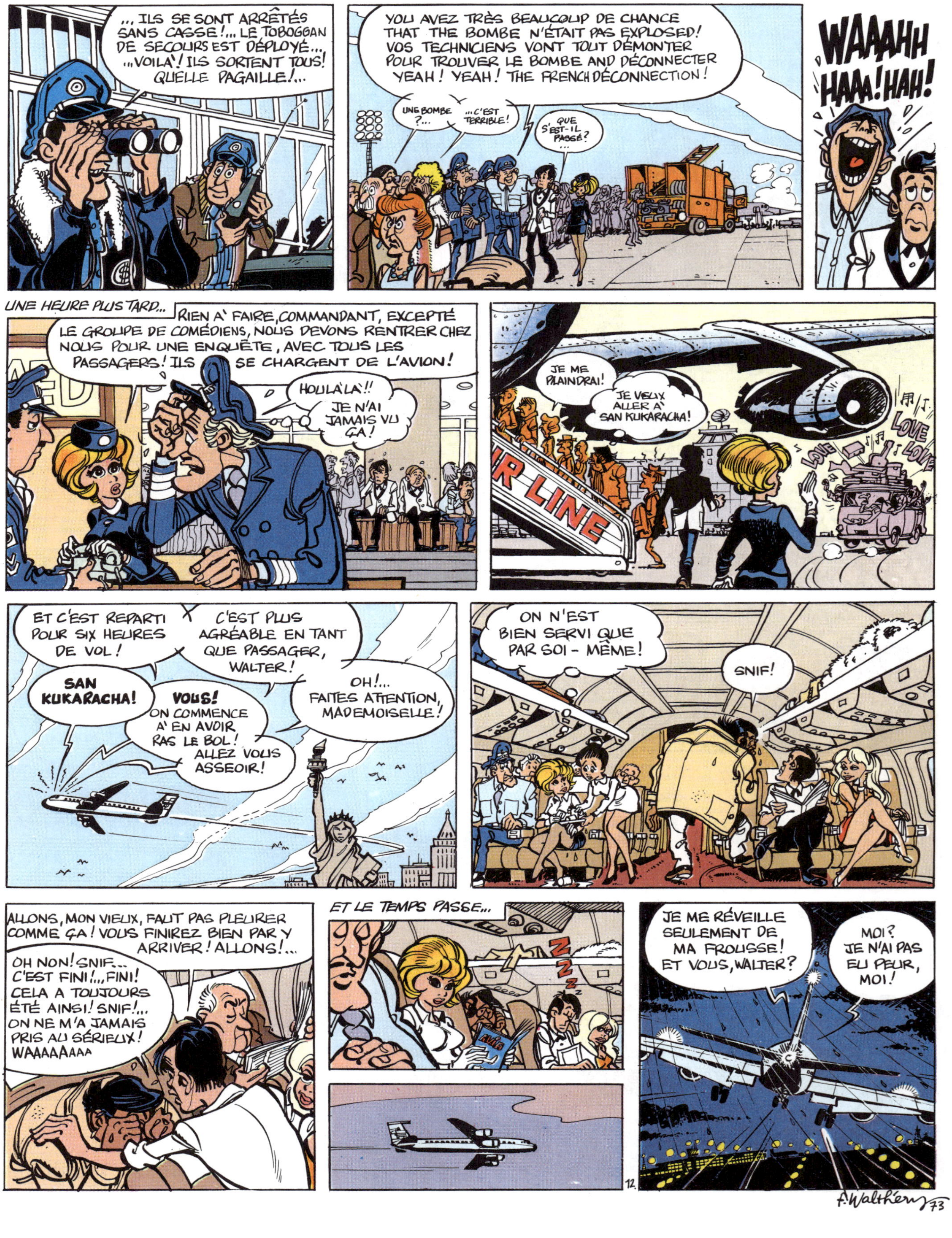
... ILS SE SONT ARRÊTÉS SANS CASSE !... LE TOBOGGAN DE SECOURS EST DÉPLOYÉ... ...VOILÀ ! ILS SORTENT TOUS ! QUELLE PAGAILLE !...
YOU AVEZ TRÈS BEAUCOUP DE CHANCE THAT THE BOMBE N'ÉTAIT PAS EXPLOSED ! VOS TECHNICIENS VONT TOUT DÉMONTER POUR TROUVER LE BOMBE AND DÉCONNECTER YEAH ! YEAH ! THE FRENCH DÉCONNECTION !
UNE BOMBE ?...
...C'EST TERRIBLE !
QUE S'EST-IL PASSÉ ?...
WAAAHH HAAA ! HAH !
UNE HEURE PLUS TARD...
RIEN À FAIRE, COMMANDANT, EXCEPTÉ LE GROUPE DE COMÉDIENS, NOUS DEVONS RENTRER CHEZ NOUS POUR UNE ENQUÊTE, AVEC TOUS LES PASSAGERS ! ILS SE CHARGENT DE L'AVION !
HOULÀLÀ !! JE N'AI JAMAIS VU ÇA !
JE ME PLAINDRAI !
JE VEUX ALLER À SAN KUKARACHA !
LOVE
LOVE
LOVE
ET C'EST REPARTI POUR SIX HEURES DE VOL !
C'EST PLUS AGRÉABLE EN TANT QUE PASSAGER, WALTER !
SAN KUKARACHA !
VOUS ! ON COMMENCE À EN AVOIR RAS LE BOL ! ALLEZ VOUS ASSEOIR !
OH !... FAITES ATTENTION, MADEMOISELLE !
ON N'EST BIEN SERVI QUE PAR SOI - MÊME !
SNIF !
ALLONS, MON VIEUX, FAUT PAS PLEURER COMME ÇA ! VOUS FINIREZ BIEN PAR Y ARRIVER ! ALLONS !...
OH NON ! SNIF... C'EST FINI !... FINI ! CELA A TOUJOURS ÉTÉ AINSI ! SNIF !... ON NE M'A JAMAIS PRIS AU SÉRIEUX ! WAAAAAAAA
ET LE TEMPS PASSE...
ZZZ
JE ME RÉVEILLE SEULEMENT DE MA FROUSSE ! ET VOUS, WALTER ?
MOI ? JE N'AI PAS EU PEUR, MOI !
12.
F. Walthéry 73

V'LÀ L'DIRECTEUR! ON A DROIT À UNE PRIME DE RISQUE, IL FAUT LA RÉCLAMER!
AH! MES AMIS, QUELLE AVENTURE!
NOUS VENONS DE RECEVOIR LE RAPPORT DES TECHNICIENS QUI ONT DÉMONTÉ LE CONCORDE!...
AH?
IL N'Y AVAIT PAS DE BOMBE À BORD!
HEIN?!
MAIS J'AI EU PEUR, MOI! J'AI EU DES ANGOISSES PRESQUE UN INFARCTUS! ET TOUT ÇA POUR RIEN!
POUR RIEN? ÇA NOUS A COÛTÉ CINQ CENT MILLE DOLLARS!
BOF! JE TIENS PLUS À MA PEAU QU'À CINQ CENT MILLE DOLLARS!
ET L'ESCROC?
LES RECHERCHES SONT RESTÉES VAINES!
NOUS AVONS TRANSMIS DES PHOTOS DE LA COMPLICE À TOUTES LES POLICES!
VOUS CONNAISSEZ CETTE PERSONNE?
JAMAIS VU CETTE TÊTE-LÀ!
NOUS AVONS ENREGISTRÉ LES CONVERSATIONS TÉLÉPHONIQUES ÉCOUTEZ!
... NE SAUREZ JAMAIS OÙ EST CACHÉE LA BOMBE ...
IL VOUS SERA DIFFICILE DE CONFONDRE LA COMPLICE! LUNETTES NOIRES, MAQUILLAGE, PERRUQUE!
UNE PERRUQUE? VOUS CROYEZ? HEU... N'OUBLIEZ PAS QUE VOUS RESTEZ À LA DISPOSITION DE LA JUSTICE, JUSQU'À LA CLÔTURE DE L'ENQUÊTE!
OH! C'EST ÇA!
C'EST PARFAIT! NOUS SOMMES SUSPECTS! BONSOIR, LES FRÈRES, J'EN AI ASSEZ ENTENDU!
PEU APRÈS...
ON NOUS REPROCHERA BIENTÔT D'AVOIR OUBLIÉ D'EMBARQUER LA BOMBE!
WALTER!
QUOI?
MONTEZ! JE CROIS SAVOIR QUI A FAIT LE COUP!
NE LES PERDEZ PAS DE VUE!
CE N'EST QU'UN SOUPÇON! COMMENT VOUS LE DIRE!
13.
F. Walthéry 73

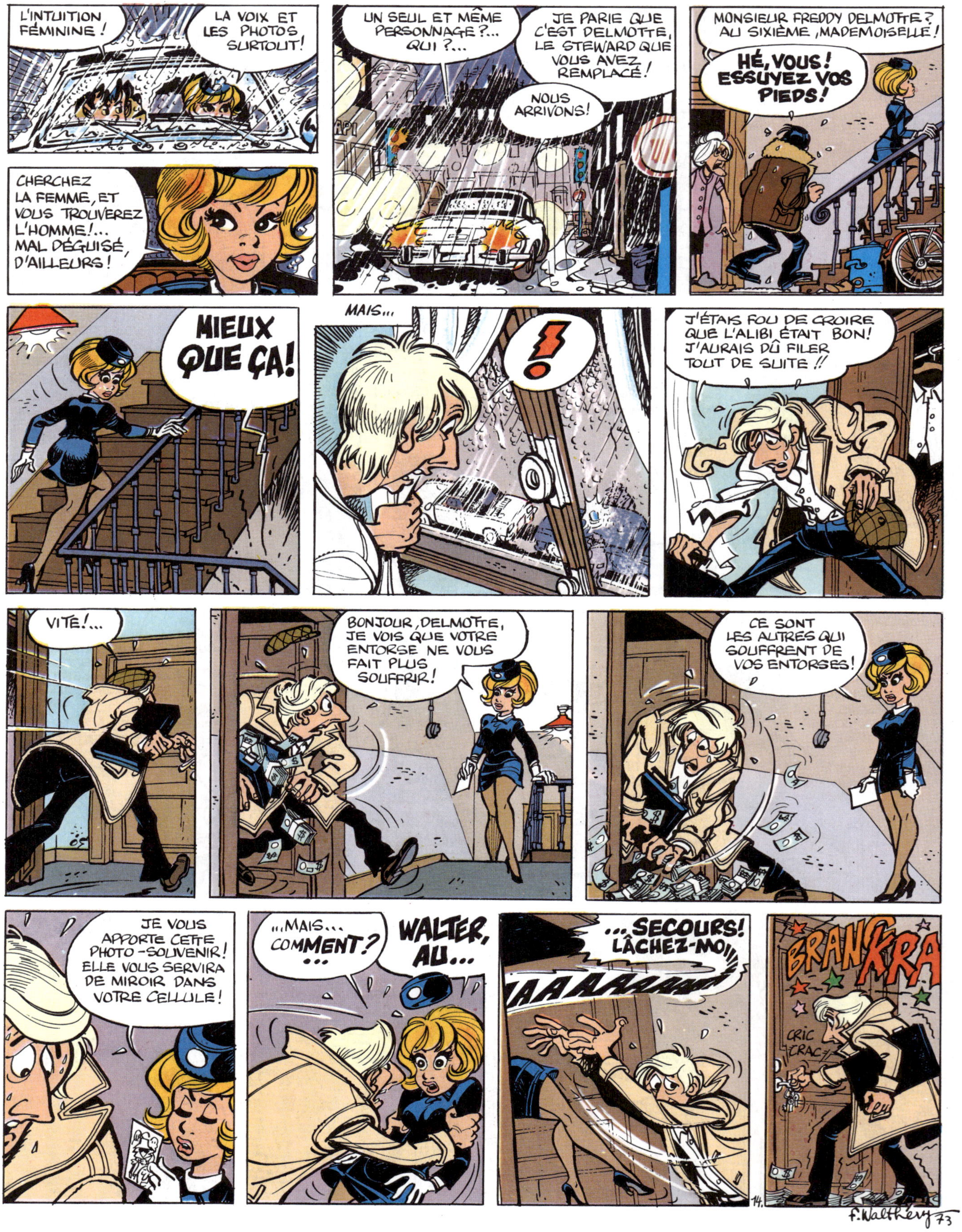

L'INTUITION FÉMININE !
LA VOIX ET LES PHOTOS SURTOUT!
UN SEUL ET MÊME PERSONNAGE ?... QUI ?...
JE PARIE QUE C'EST DELMOTTE, LE STEWARD QUE VOUS AVEZ REMPLACÉ !
NOUS ARRIVONS!
MONSIEUR FREDDY DELMOTTE ? AU SIXIÈME ,MADEMOISELLE !
HÉ, VOUS ! ESSUYEZ VOS PIEDS !
CHERCHEZ LA FEMME, ET VOUS TROUVEREZ L'HOMME !... MAL DÉGUISÉ, D'AILLEURS !
MIEUX QUE ÇA!
MAIS...
!
J'ÉTAIS FOU DE CROIRE QUE L'ALIBI ÉTAIT BON! J'AURAIS DÛ FILER TOUT DE SUITE !!
VITE!...
BONJOUR, DELMOTTE, JE VOIS QUE VOTRE ENTORSE NE VOUS FAIT PLUS SOUFFRIR!
CE SONT LES AUTRES QUI SOUFFRENT DE VOS ENTORSES!
JE VOUS APPORTE CETTE PHOTO-SOUVENIR! ELLE VOUS SERVIRA DE MIROIR DANS VOTRE CELLULE!
...MAIS... COMMENT? ...
WALTER, AU...
...SECOURS! LÂCHEZ-MOI
AAAAAAAAH
BRANG KRA
CRIC CRAC
14.
F. Walthéry 73

LA PERRUQUE! LA ROBE! LE MANTEAU!
CRIC CRAC
WALTER, À MOI!!
BAM BAM BOM
BAM BOM
BOM BAM
ATTRAPEZ-LE! WALTEEEER!!
BOM BOM
BHOOOO
POK
BARDAF POK
KLOPKLOPKL
OUCH! AÏE!
BOM
ET PIF ET PAF
C'EST PAS BIENTÔT FINI, TOUT CE BRUIT, LÀ-HAUT!?
KROK
VRAAHHAK
POLICE!
BAOM
AAAAH! MES ESCALIERS! GAMINS!
J'AI DIT DE BAISSER LA T.V.!
MAIS JE N'EN AI PAS!
VITE!
15
F. Walthéry 73

44

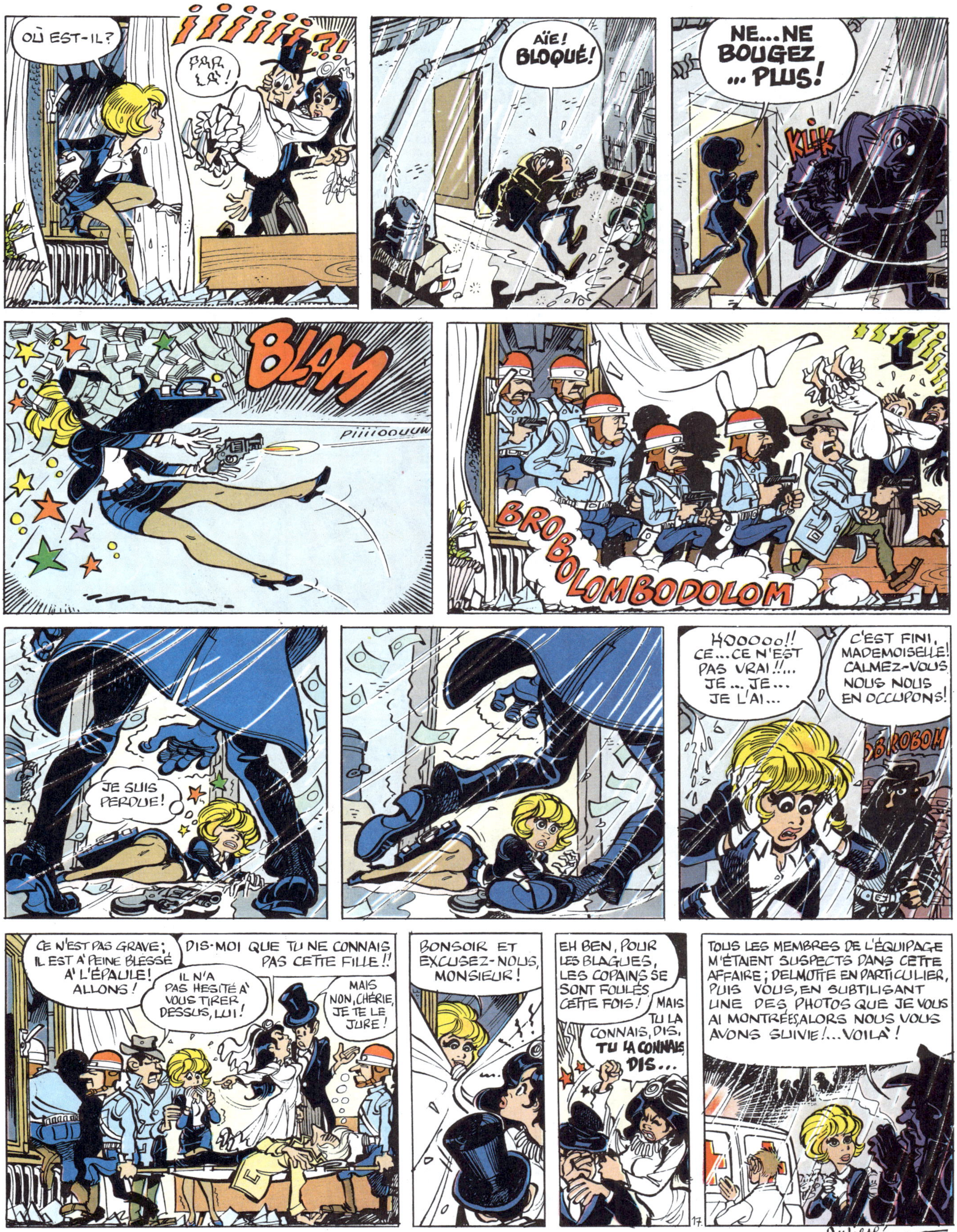
OÙ EST-IL?
¡¡¡¡¡¡..?!
PAR LÀ!
AÏE! BLOQUÉ!
NE... NE BOUGEZ ... PLUS!
KLIK
BLAM
PIIIIOOUUW
BROBOLOMBODOLOM
JE SUIS PERDUE!
HOOOOO!! CE... CE N'EST PAS VRAI!!... JE... JE... JE L'AI...
C'EST FINI, MADEMOISELLE! CALMEZ-VOUS NOUS NOUS EN OCCUPONS!
BROBOM
CE N'EST PAS GRAVE; IL EST À PEINE BLESSÉ À L'ÉPAULE! ALLONS!
DIS-MOI QUE TU NE CONNAIS PAS CETTE FILLE!!
IL N'A PAS HÉSITÉ À VOUS TIRER DESSUS, LUI!
MAIS NON, CHÉRIE, JE TE LE JURE!
BONSOIR ET EXCUSEZ-NOUS, MONSIEUR!
EH BEN, POUR LES BLAGUES, LES COPAINS SE SONT FOULÉS CETTE FOIS!
MAIS TU LA CONNAIS, DIS, TU LA CONNAIS, DIS...
TOUS LES MEMBRES DE L'ÉQUIPAGE M'ÉTAIENT SUSPECTS DANS CETTE AFFAIRE; DELMOTTE EN PARTICULIER, PUIS VOUS, EN SUBTILISANT UNE DES PHOTOS QUE JE VOUS AI MONTRÉES, ALORS NOUS VOUS AVONS SUIVIE!... VOILÀ!
17.
F. Walthéry 73

OUI, C'EST UN FORÇAT ÉVADÉ! IL S'EST ENFERMÉ AVEC CINQ JUGES D'INSTRUCTION COMME OTAGES! LA POLICE VA DONNER L'ASSAUT!
AH?
ESSUYEZ VOS PIEDS!!! QUOI? AH! C'EST POUR "FRANCE-JOUR"! ENTREZ! ENTREZ! MESSIEURS LES JOURNALISTES, JE VAIS TOUT VOUS RACONTER ...J'AURAI MA PHOTO DANS VOTRE JOURNAL ...
IL NOUS MANQUE LA COMPLICE, MAINTENANT!
IL N'Y A PAS DE COMPLICE! IL ÉTAIT DÉGUISÉ!
TIENS, IL PLEUT DES DOLLARS!!
OUI, LE DOLLAR FLOTTE AUSSI!
MAIS ENFIN, CHÉRIE!
NON! JE RETOURNE CHEZ MAMAN!
A BAS TRUC
5 VOTEZ
GAR
POLICE
PIN PON PON PIN PON
BEN, MON VIEUX, POUR RÉCUPÉRER LE FRIC... ON VA RIGOLER!
CIRCULEZ! CIRCULEZ!
OH ZUT!
DÉPANNAGE
PAUVRE DELMOTTE, EN TOUT CAS, IL N'A L'AIR DE RIEN, MAIS IL ÉTAIT TRÈS HABILE!
NE VOUS Y TROMPEZ PAS, C'EST UN ANCIEN CASCADEUR!
...COMME UN ROULEMENT!
ÉPILOGUE :
...ALORS J'EMPOIGNE LE CHEF, MAIS LES AUTRES AVAIENT DES MITRAILLETTES... ILS ÉTAIENT DIX!...
...ET DITES DANS VOTRE JOURNAL QUE LE DOUTE ME VINT LORSQUE JE VIS QU'ILS N'ESSUYAIENT JAMAIS LEURS PIEDS ET QUE...
TCHAK TCHAK
RÈGLEMENT DE COMPTE ENTRE DEUX BANDES RIVALES.
POLITIQUE INTERNA
ACTUALIT
CETTE NUIT, CINQUANTE GANGSTERS SE SONT LIVRÉ UNE GUERRE SANS MERCI (P.6)
?
BEN, ÇA ALORS!
FIN
F. Walthéry

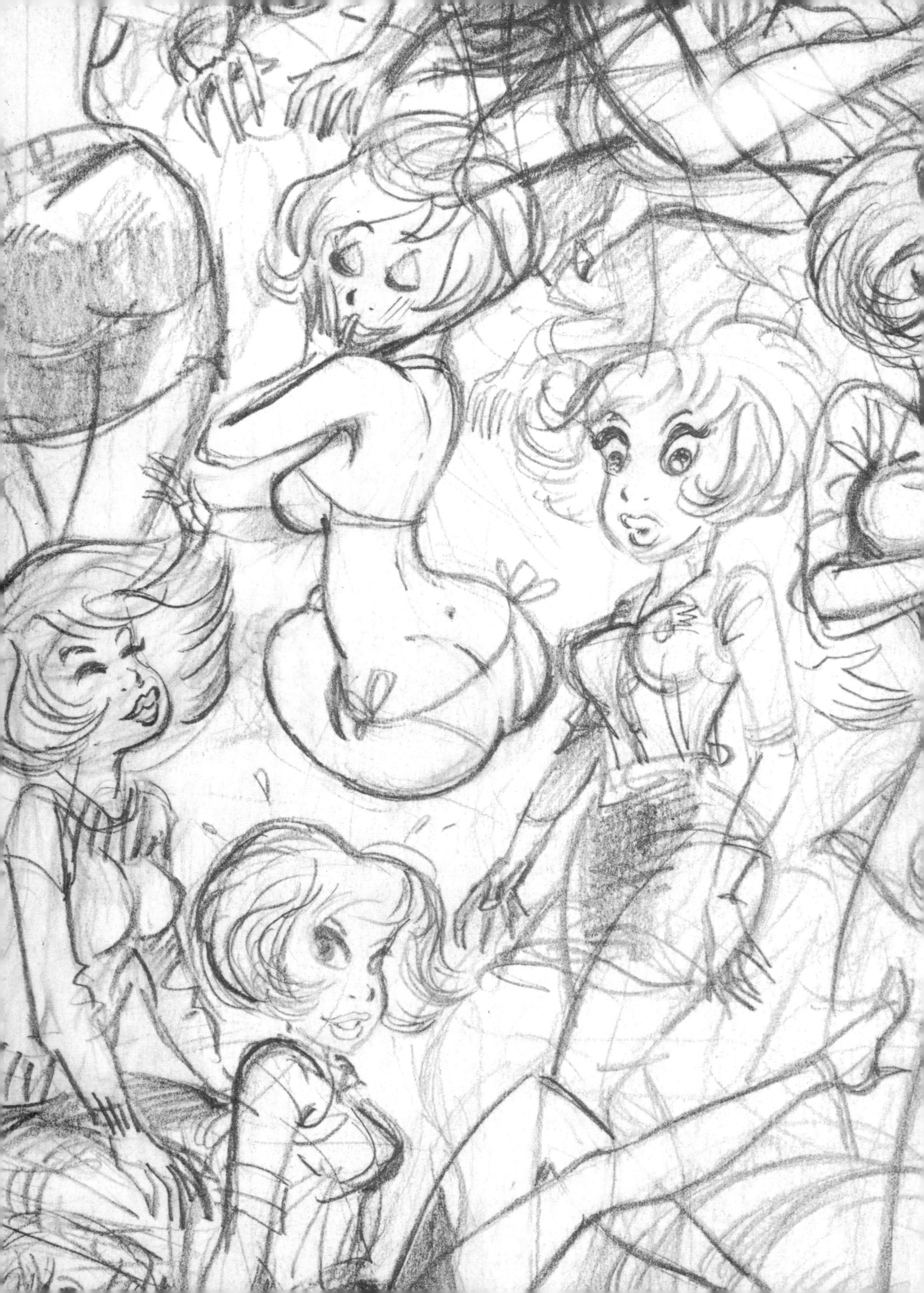